Ricalcare
Lettere e Numeri

*Lettere e Numeri da Ricalcare
con Tanti Disegni da Colorare*

By Coloriamo Insieme

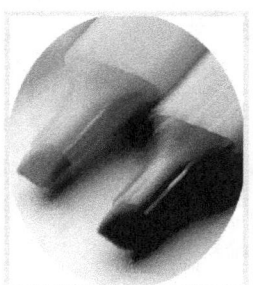

© Copyright 2020 – Coloriamo Insieme

Questo libro è di

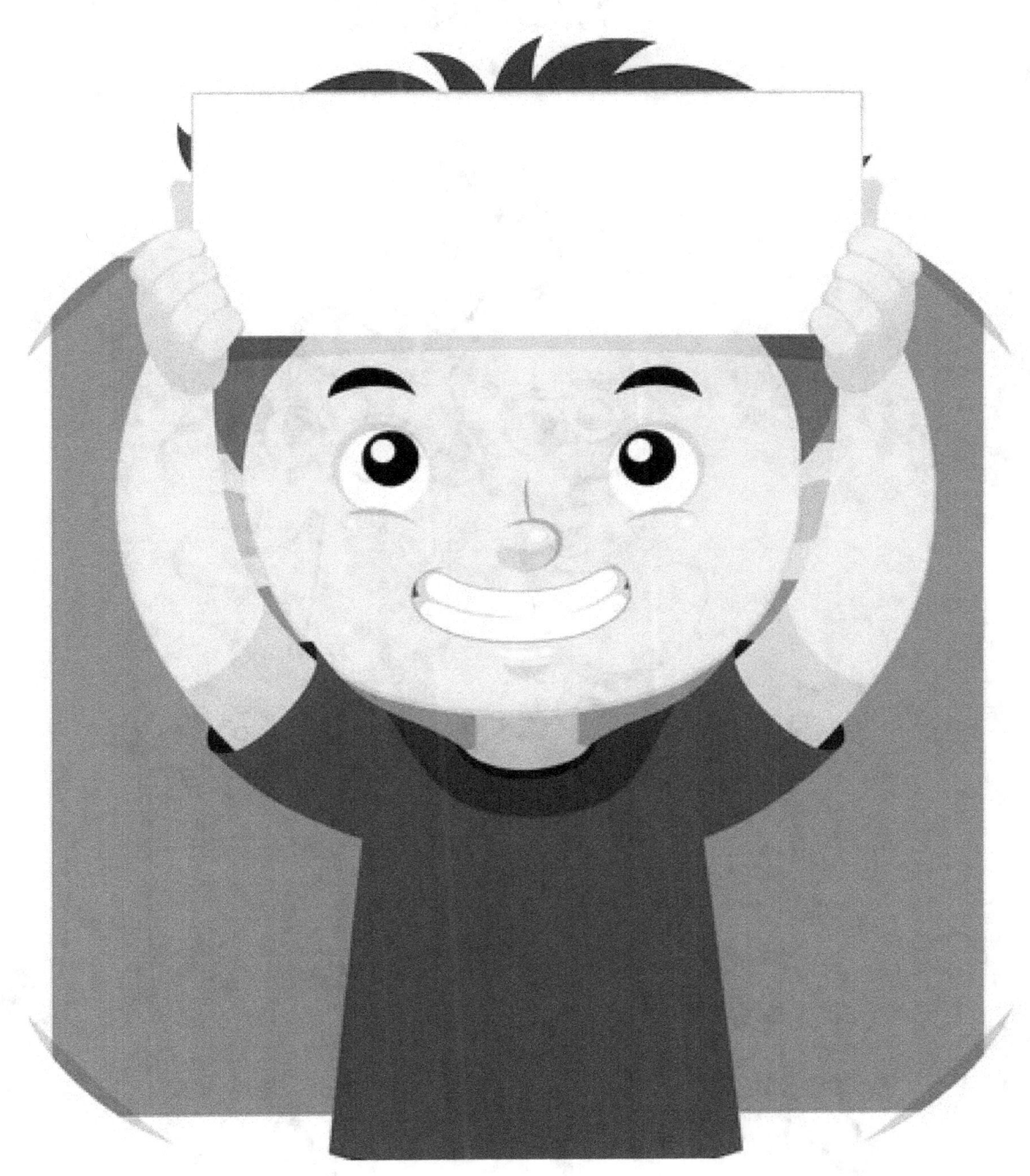

Lettere

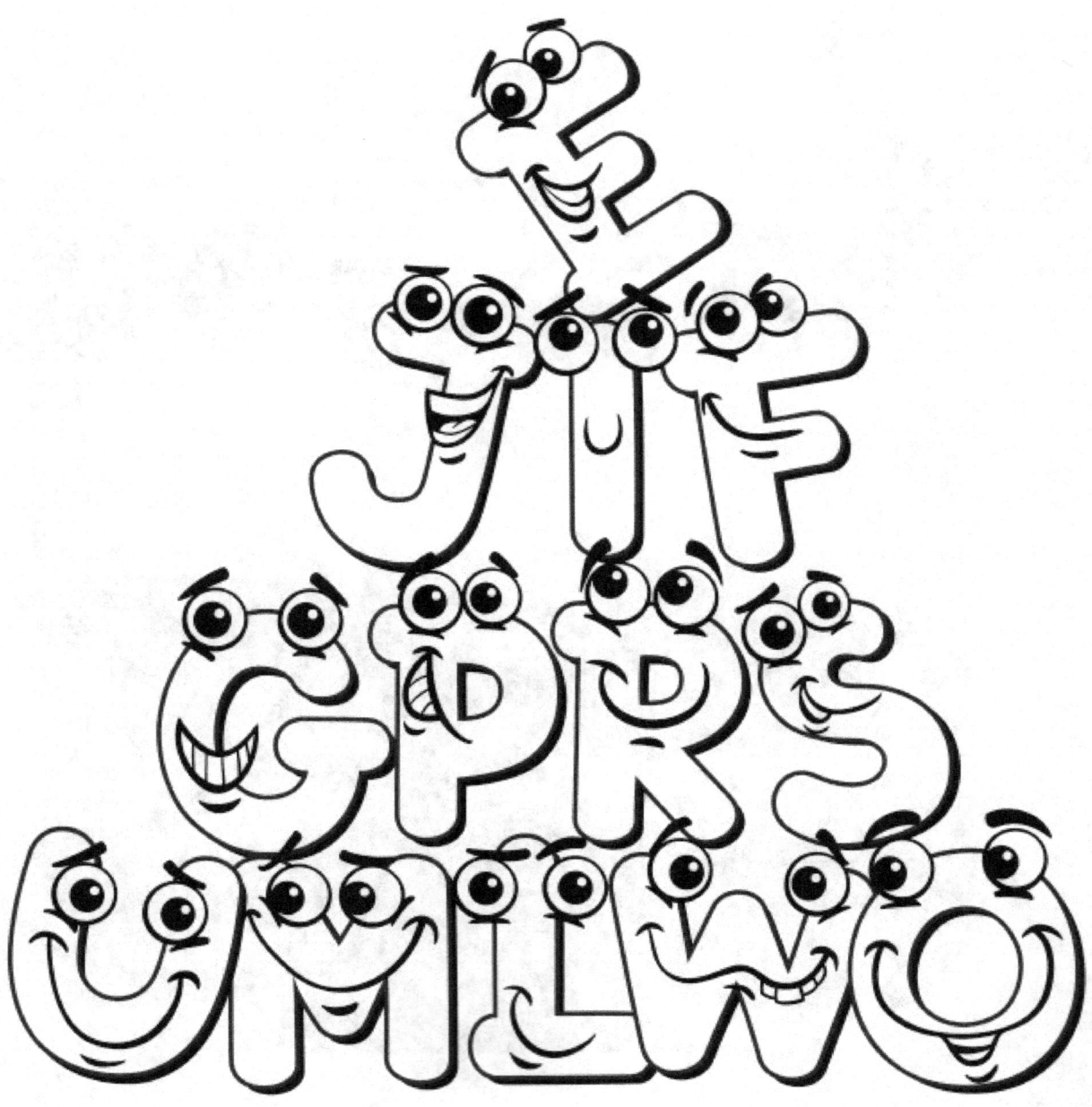

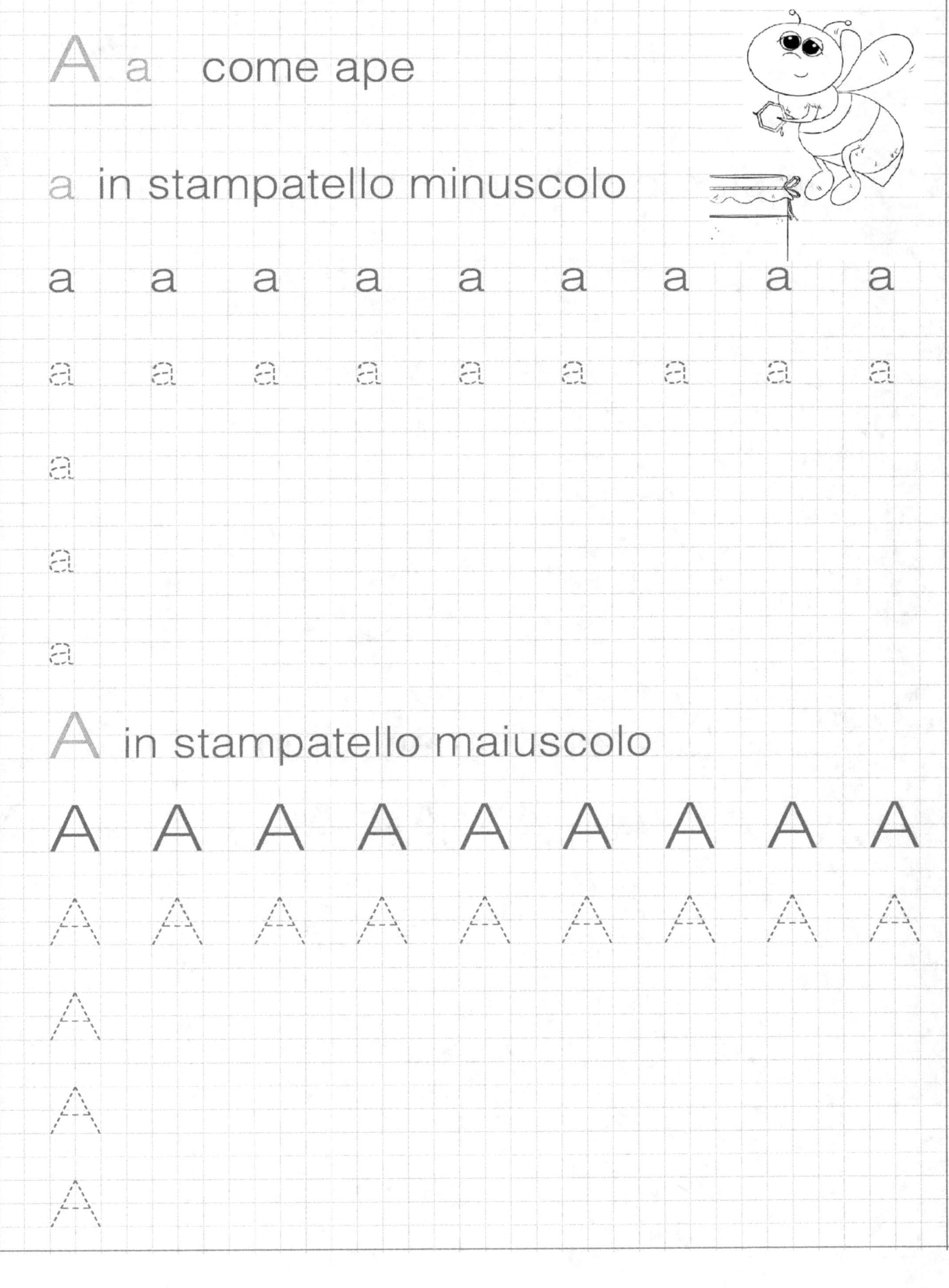

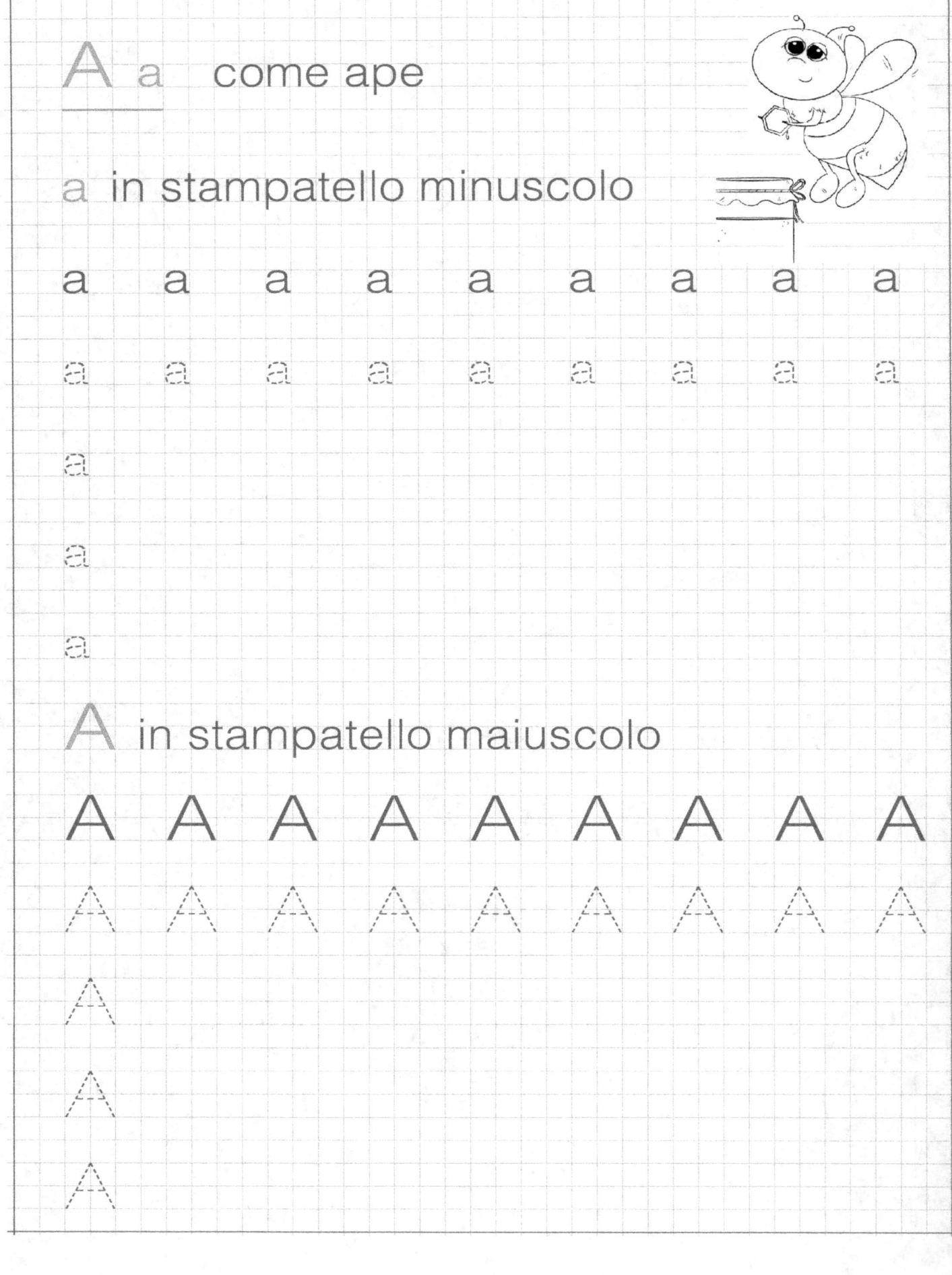

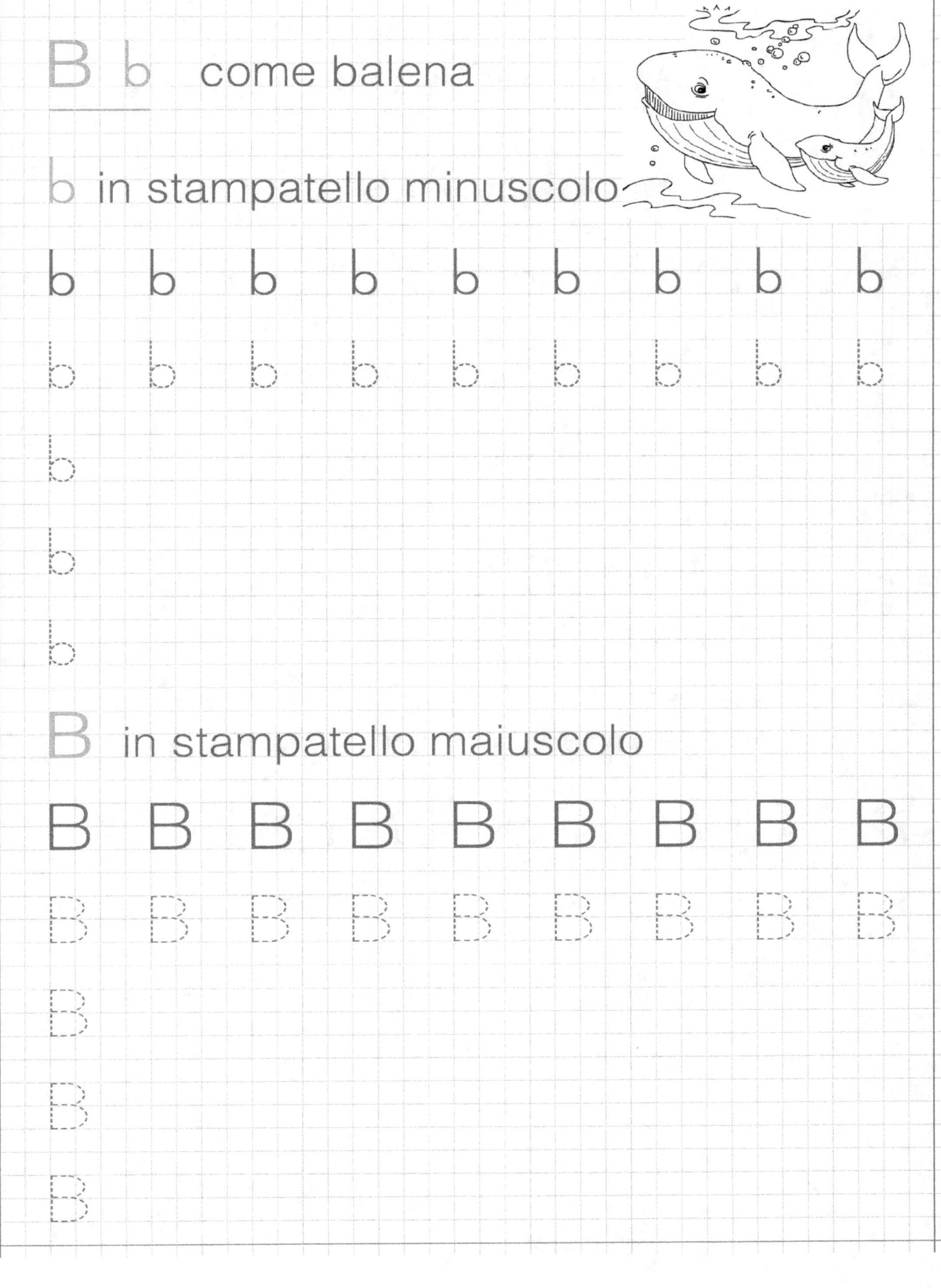

B b   come balena

b in stampatello minuscolo

b b b b b b b b b
b b b b b b b b b
b
b
b

B in stampatello maiuscolo

B B B B B B B B B
B B B B B B B B B
B
B
B

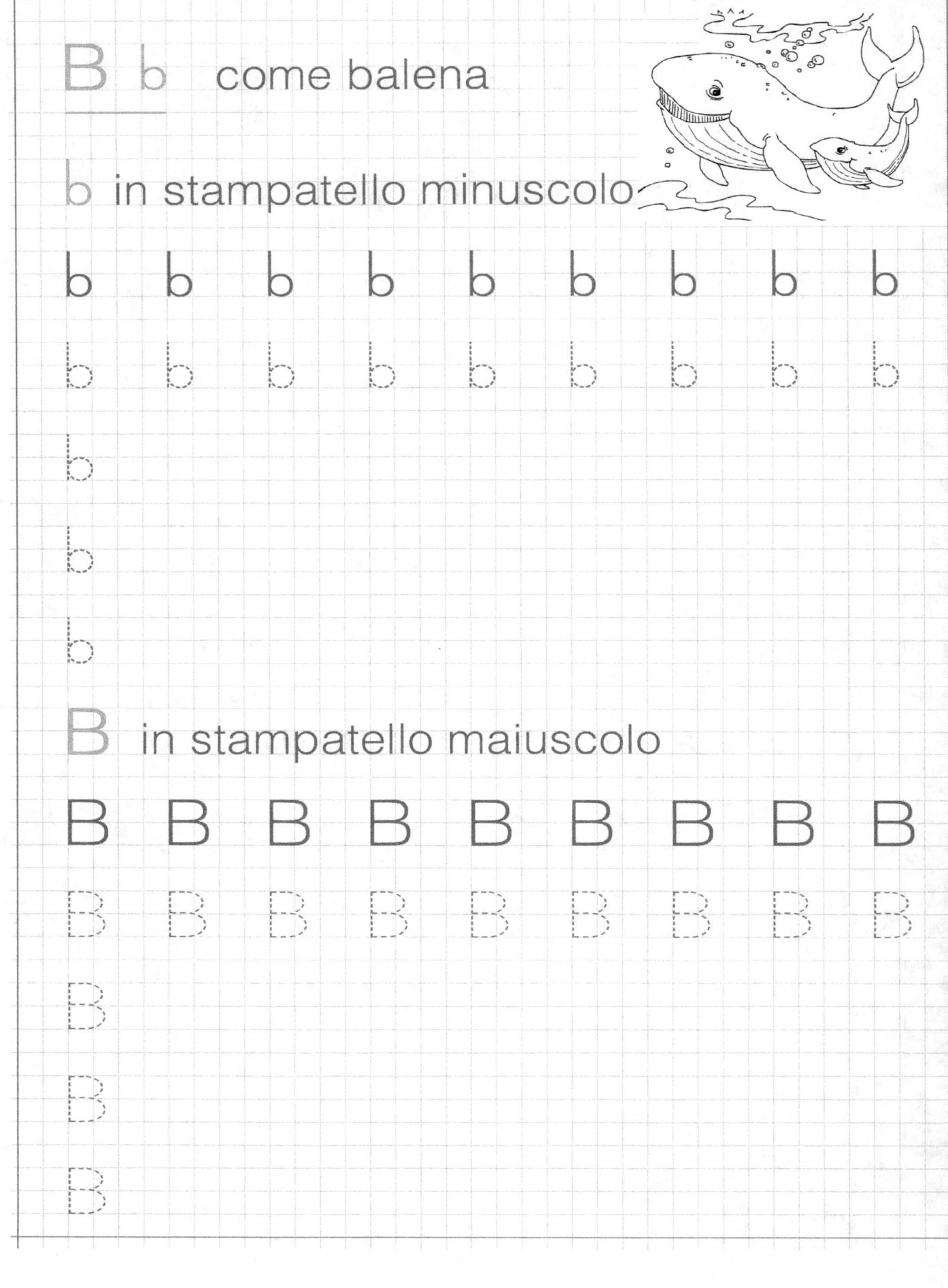

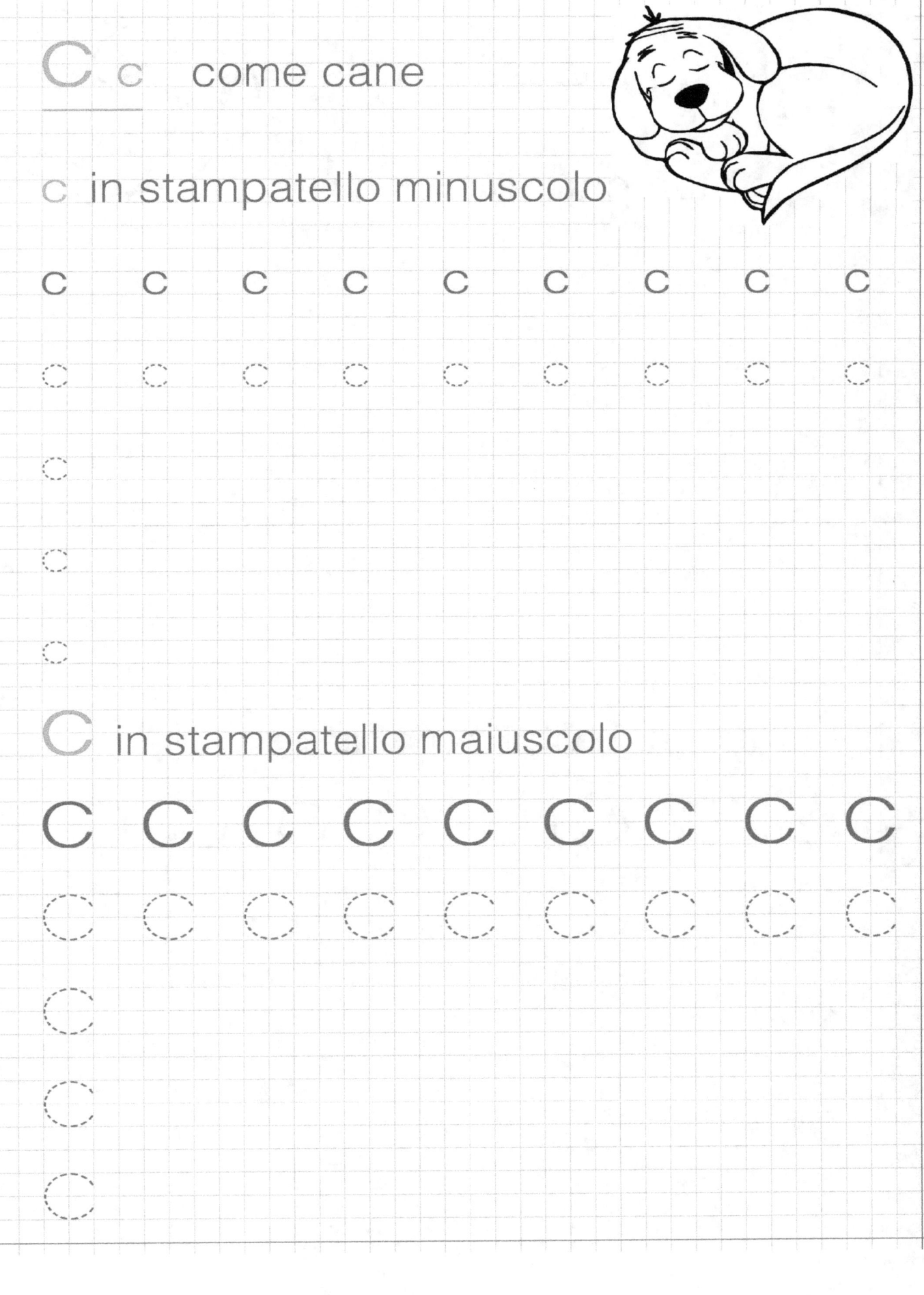

C c   come cane

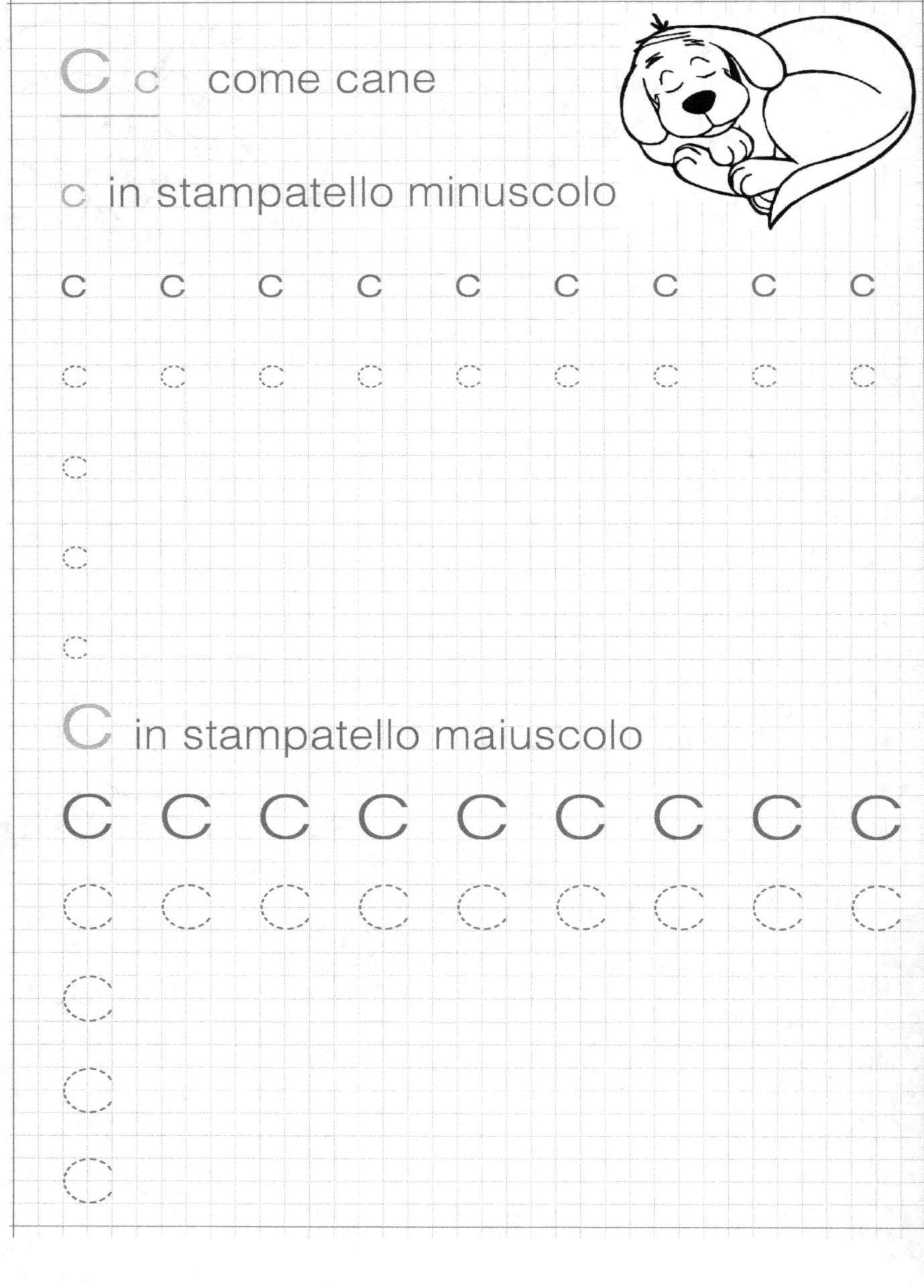

c in stampatello minuscolo

c　c　c　c　c　c　c　c　c

c　c　c　c　c　c　c　c　c

c

c

C in stampatello maiuscolo

C　C　C　C　C　C　C　C　C

C　C　C　C　C　C　C　C　C

C

C

C

D d   come delfino

d in stampatello minuscolo

d d d d d d d d d

d d d d d d d d d

d

d

d

D in stampatello maiuscolo

D D D D D D D D D

D D D D D D D D D

D

D

D

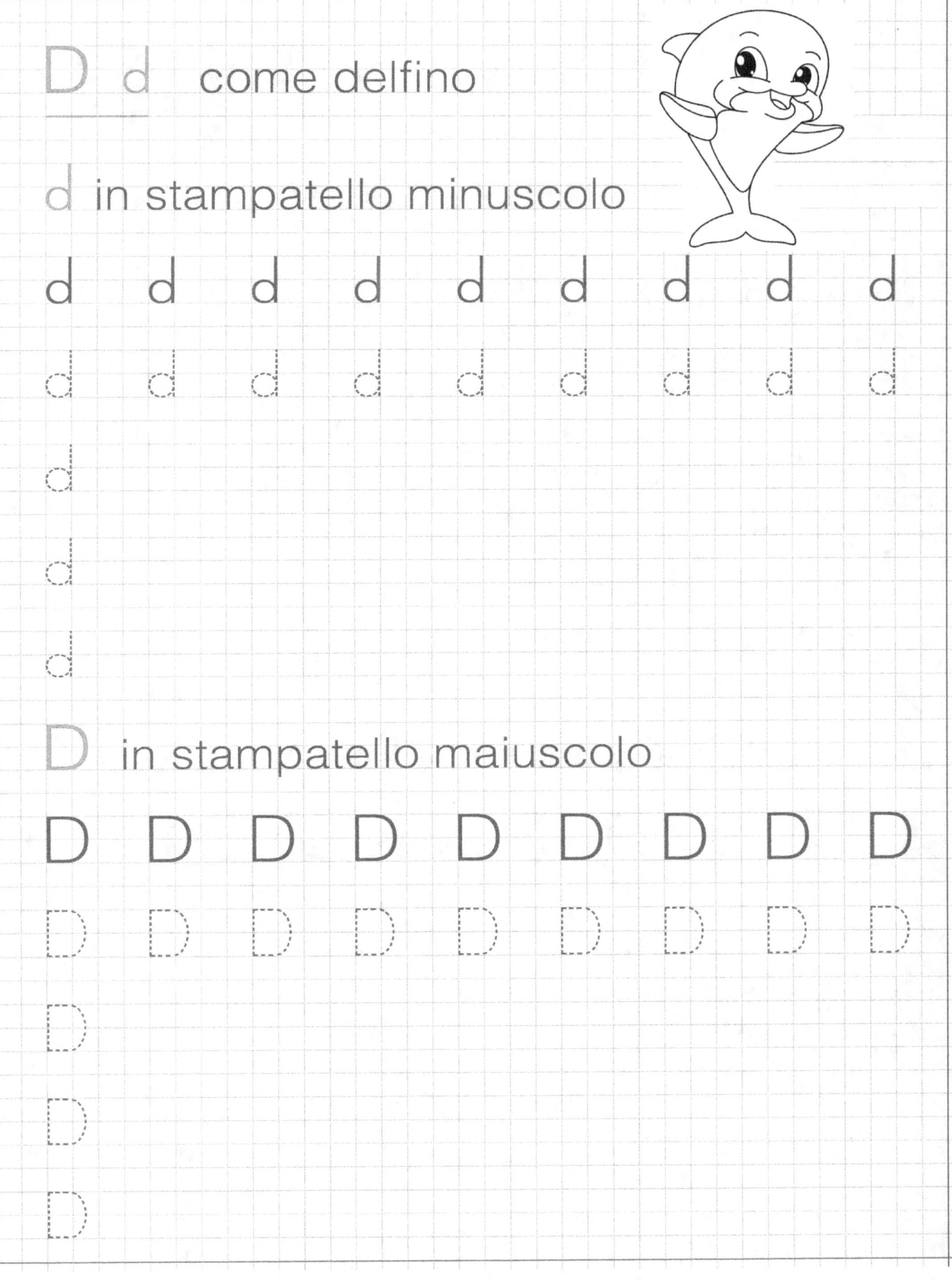

D d   come delfino

d in stampatello minuscolo

d d d d d d d d d
d d d d d d d d d

d
d
d
d

D in stampatello maiuscolo

D D D D D D D D D
D D D D D D D D D

D
D
D
D

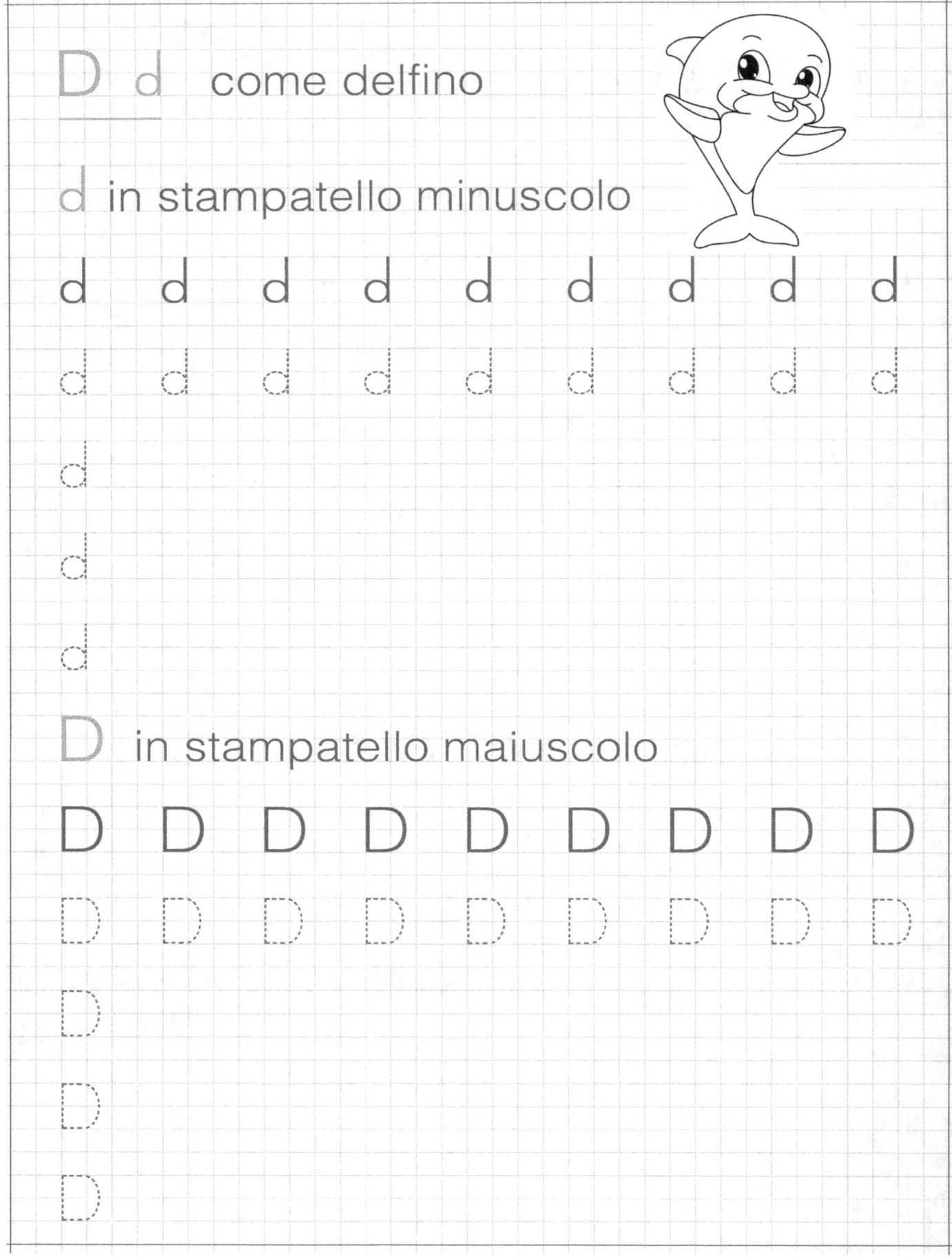

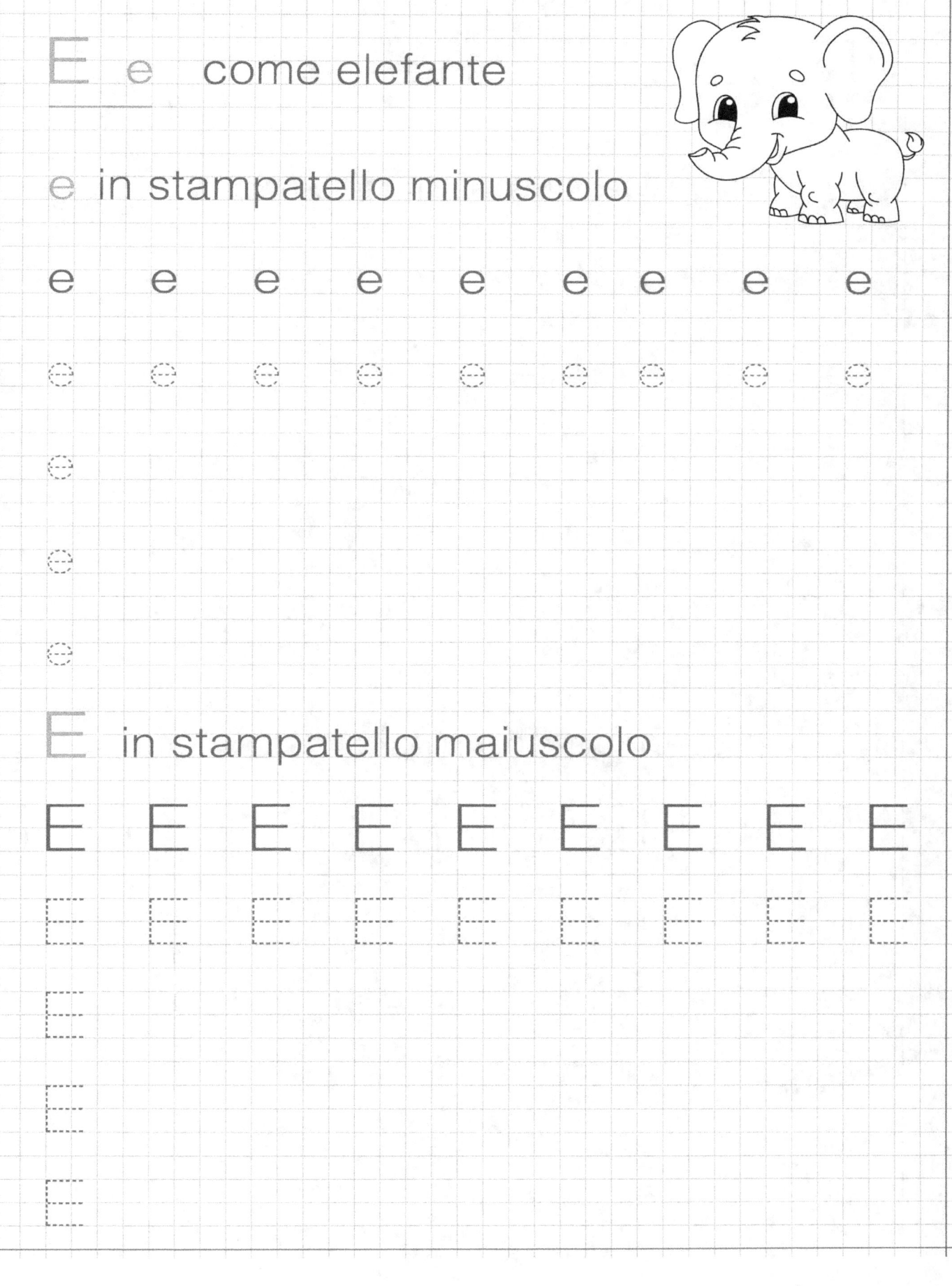

E e come elefante

e in stampatello minuscolo

e e e e e e e e e

E in stampatello maiuscolo

E E E E E E E E E

E e   come elefante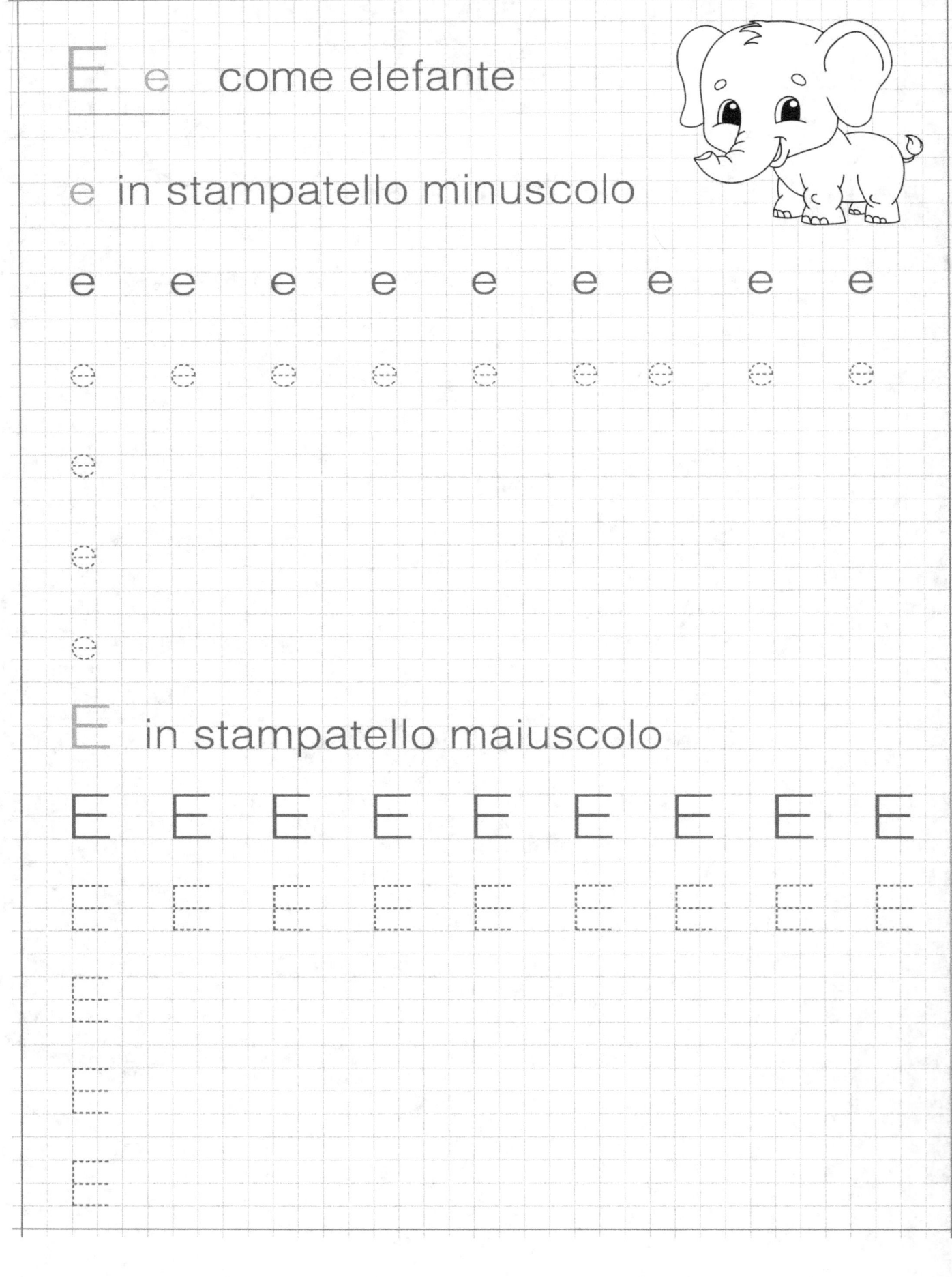

e   in stampatello minuscolo

e   e   e   e   e   e   e   e   e

e   e   e   e   e   e   e   e   e

e

e

e

E   in stampatello maiuscolo

E E E E E E E E E

E E E E E E E E E

E

E

E

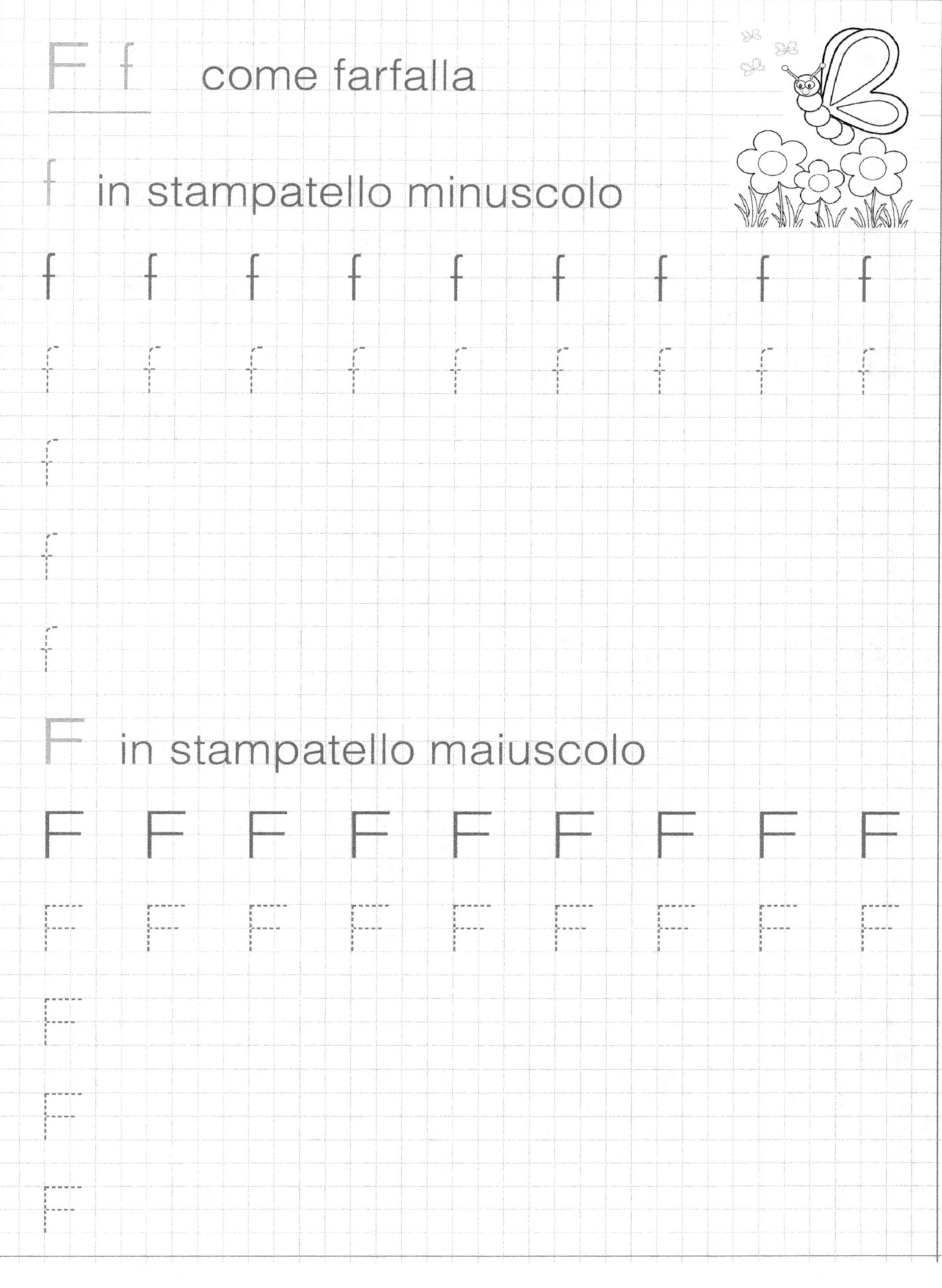

F f come farfalla

f in stampatello minuscolo

f f f f f f f f

F in stampatello maiuscolo

F F F F F F F F

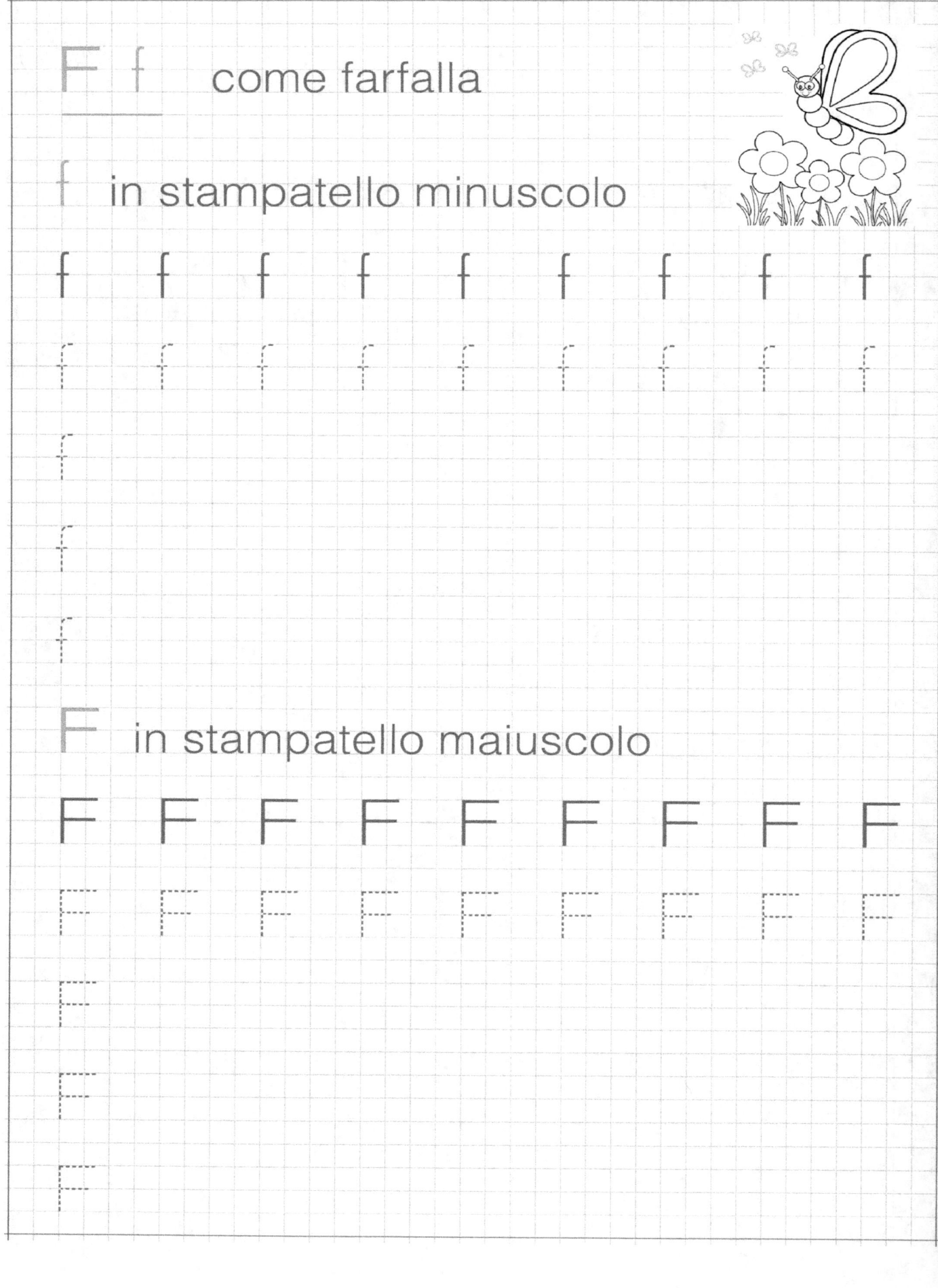

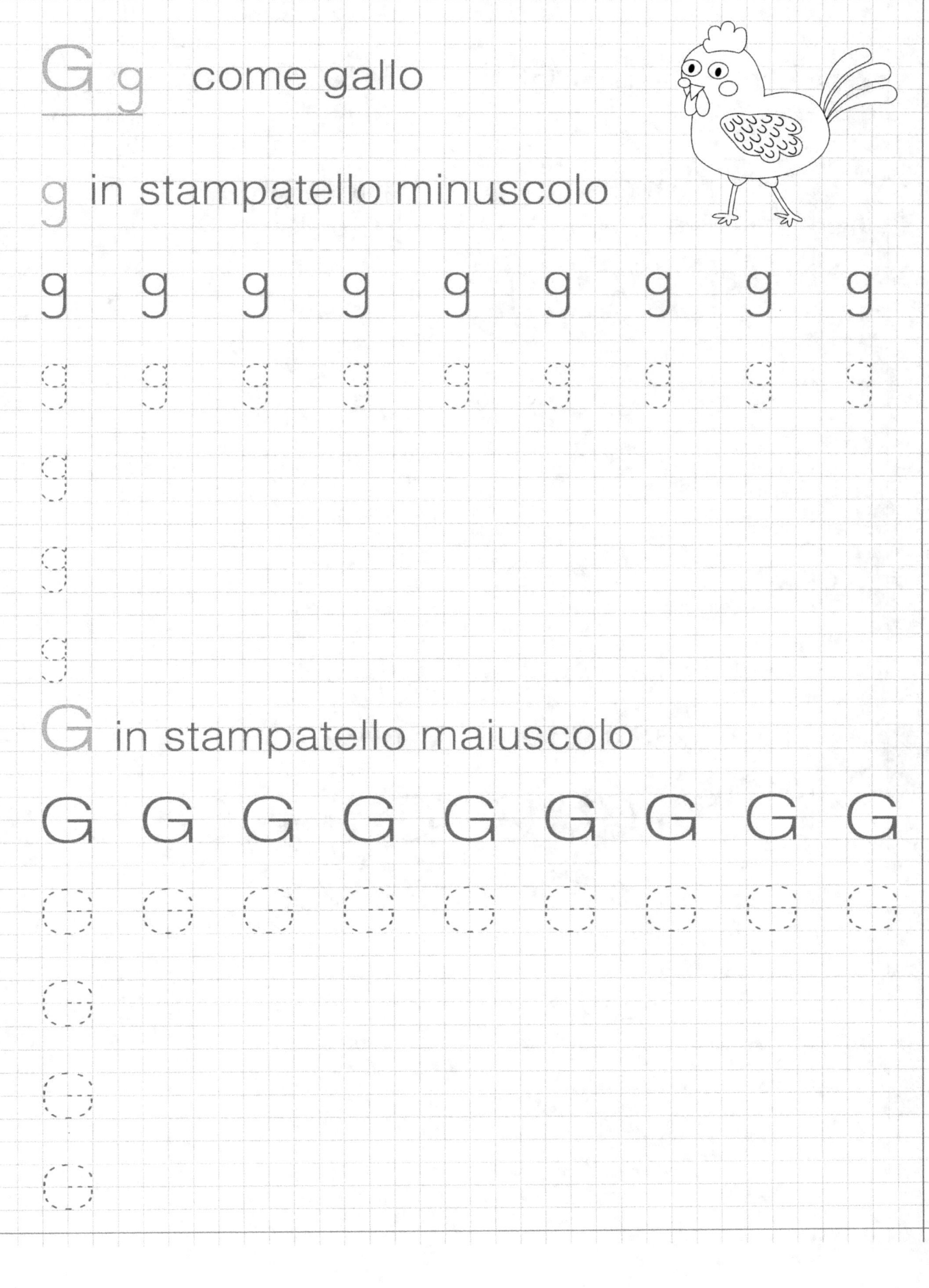

G g come gallo

g in stampatello minuscolo

g g g g g g g g g

g g g g g g g g g

g

g

G in stampatello maiuscolo

G G G G G G G G G

G G G G G G G G G

G

G

G

H h come hotel

h in stampatello minuscolo

h h h h h h h h h

H in stampatello maiuscolo

H H H H H H H H H

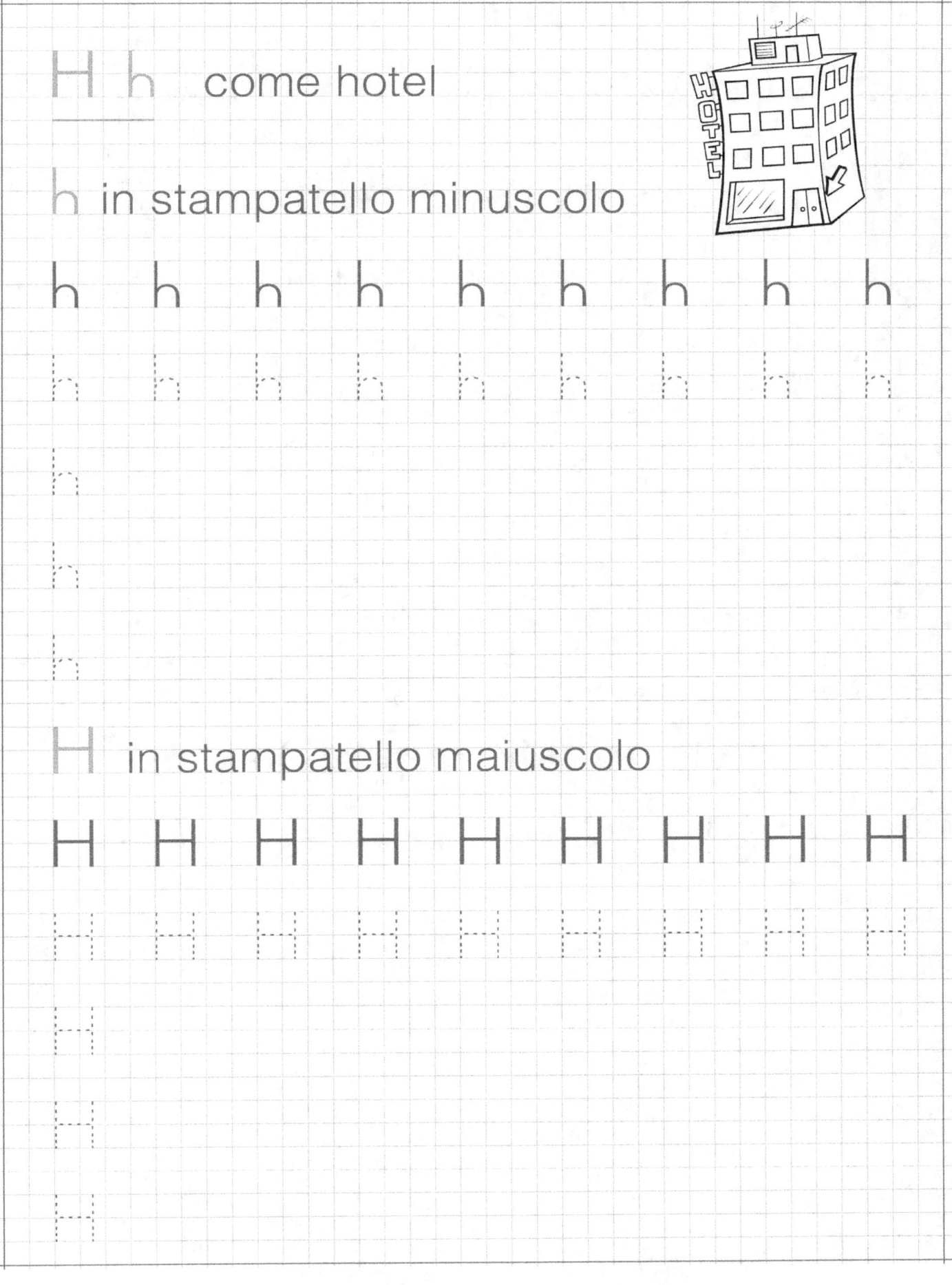

H h   come hotel

h in stampatello minuscolo

h h h h h h h h h
h h h h h h h h h
h
h
h

H in stampatello maiuscolo

H H H H H H H H H
H H H H H H H H H
H
H
H

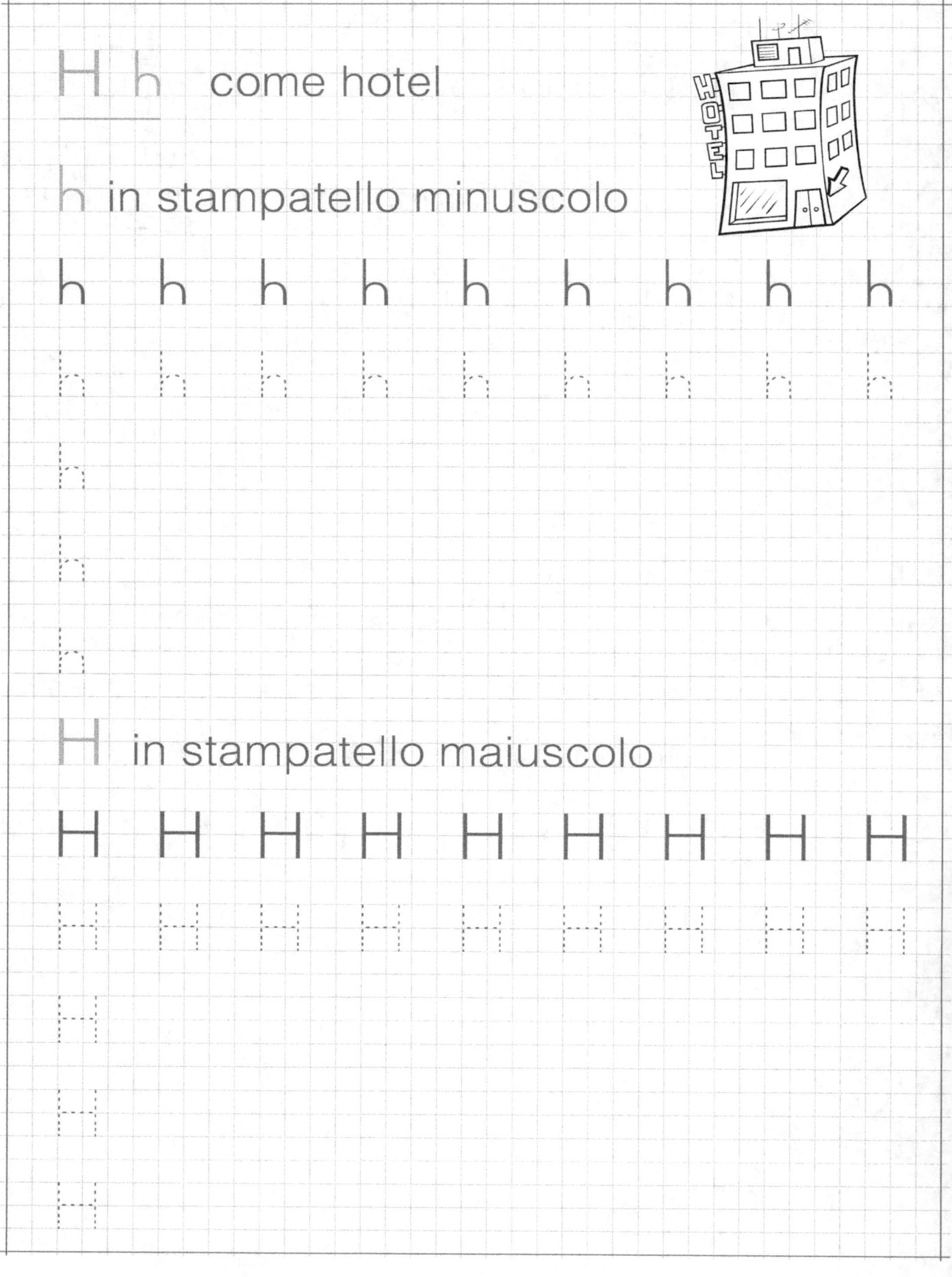

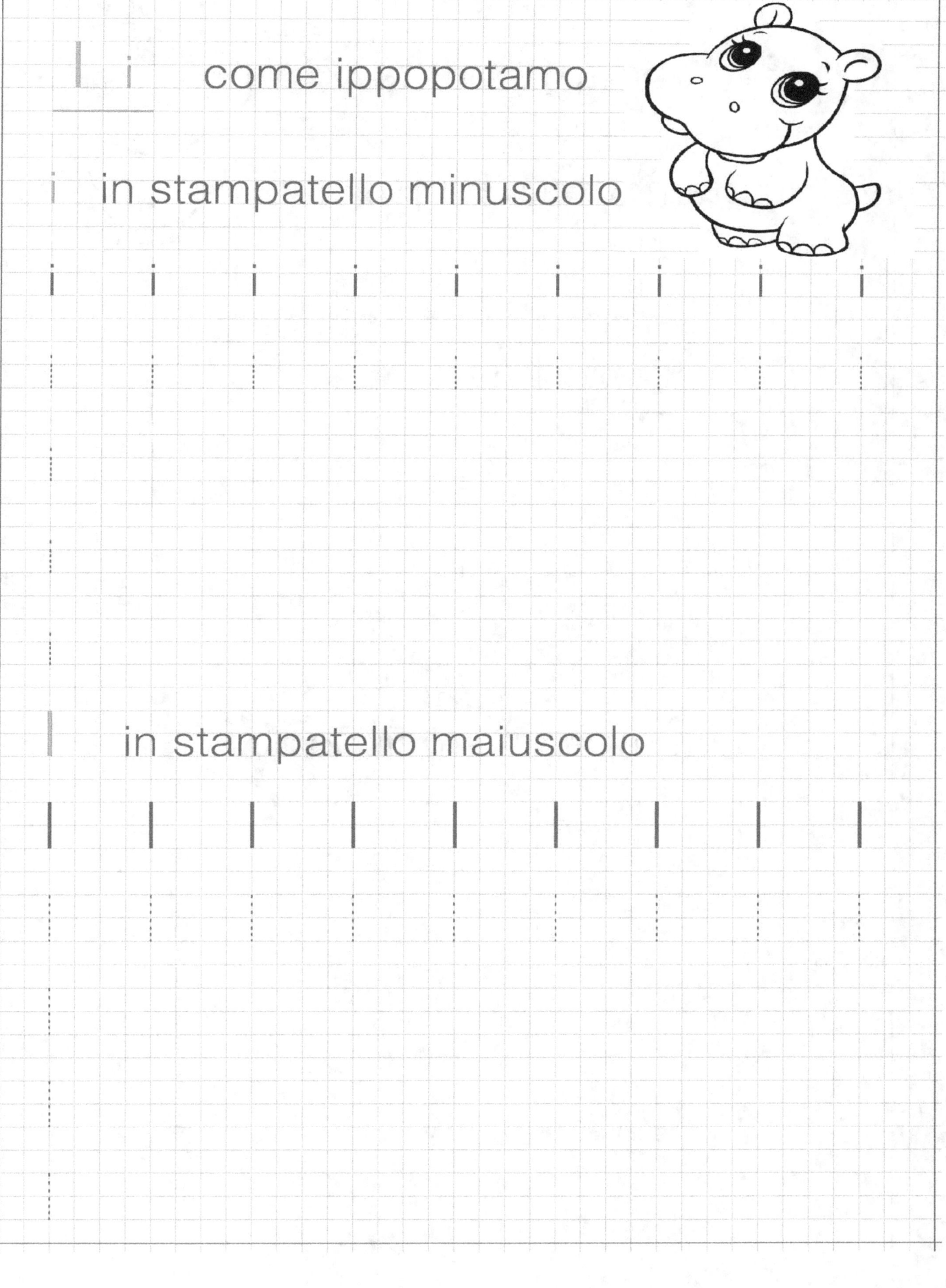

I i   come ippopotamo

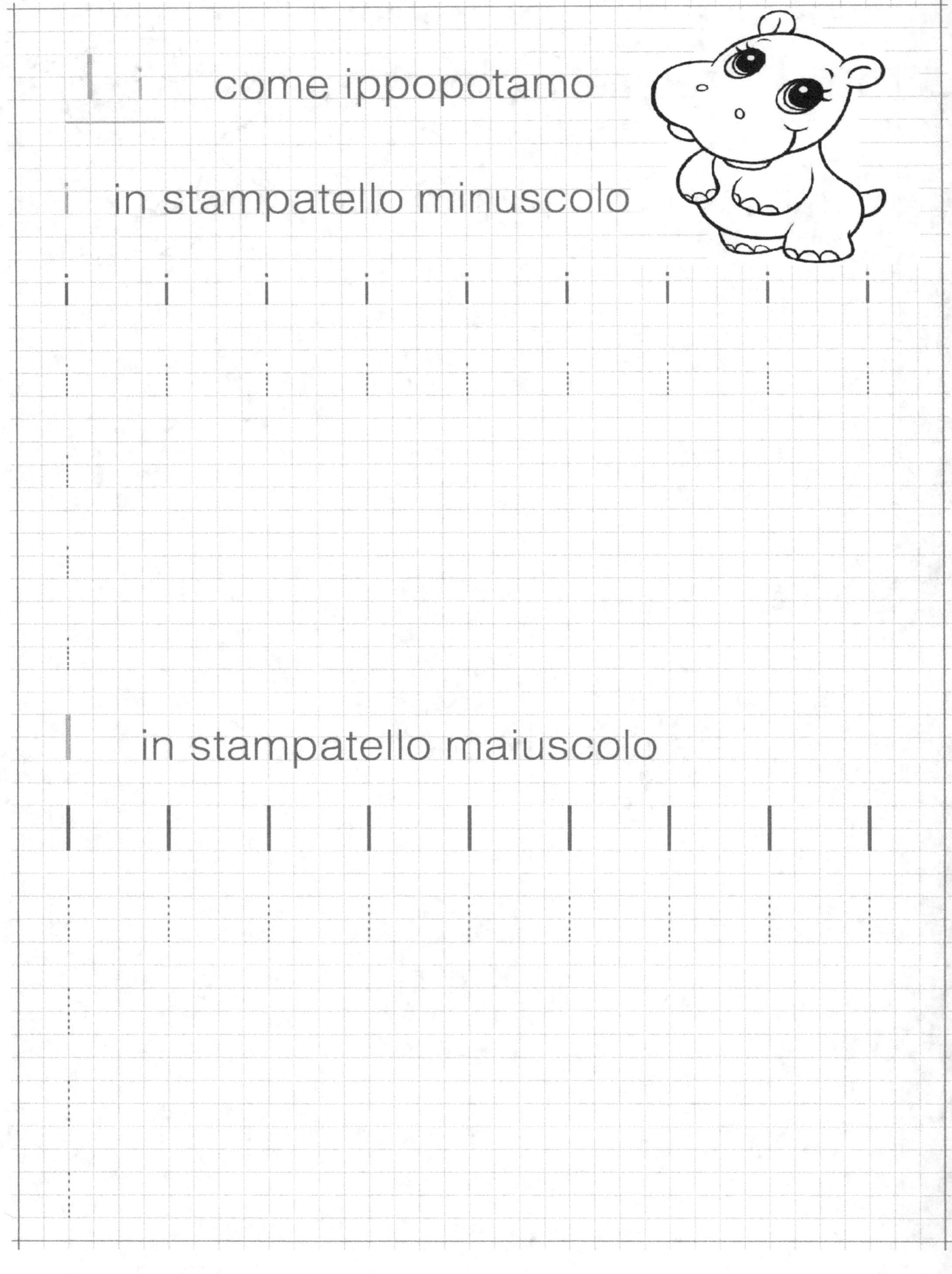

i   in stampatello minuscolo

i   i   i   i   i   i   i   i   i

I   in stampatello maiuscolo

I   I   I   I   I   I   I   I   I

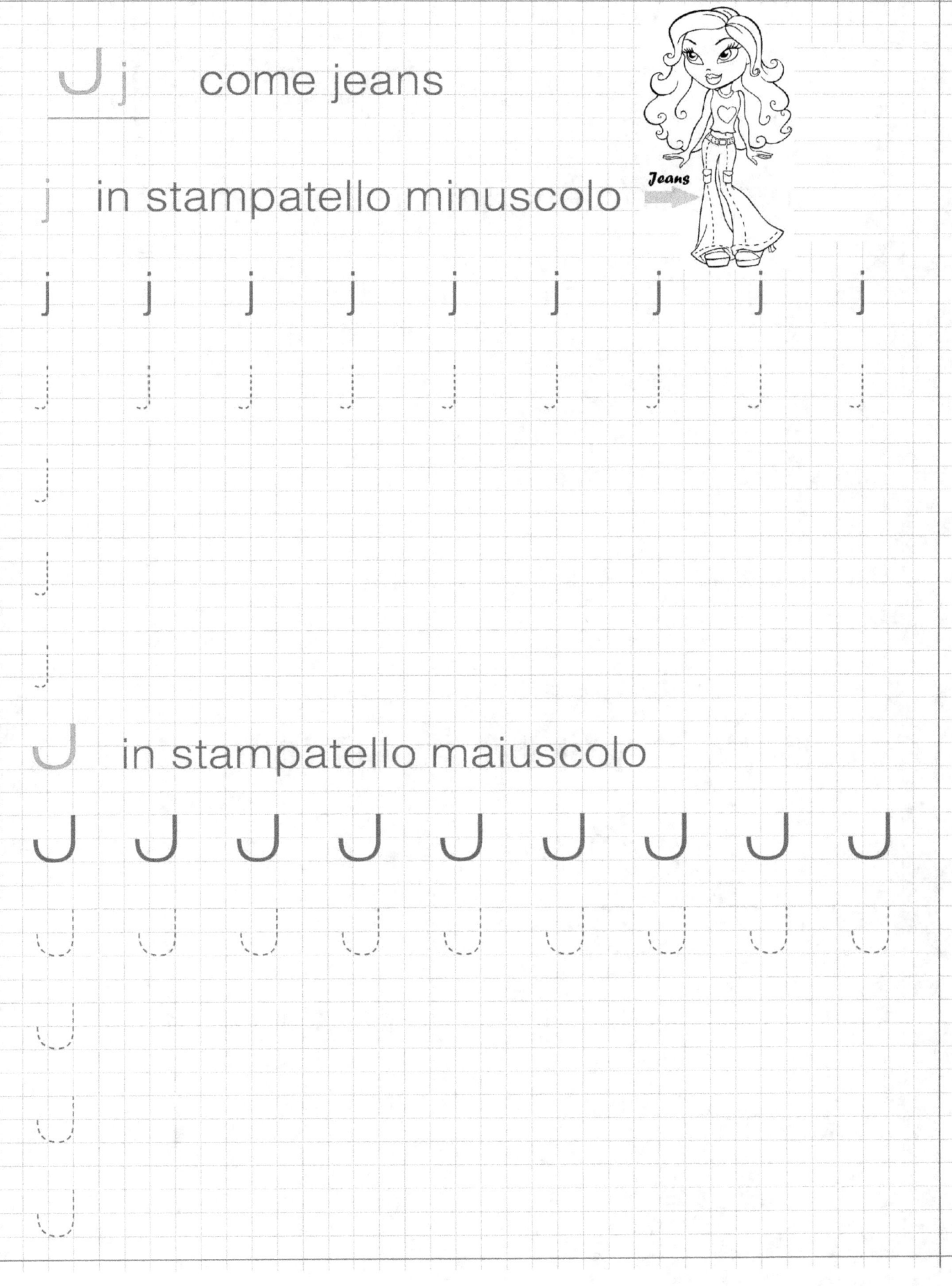

J j   come jeans

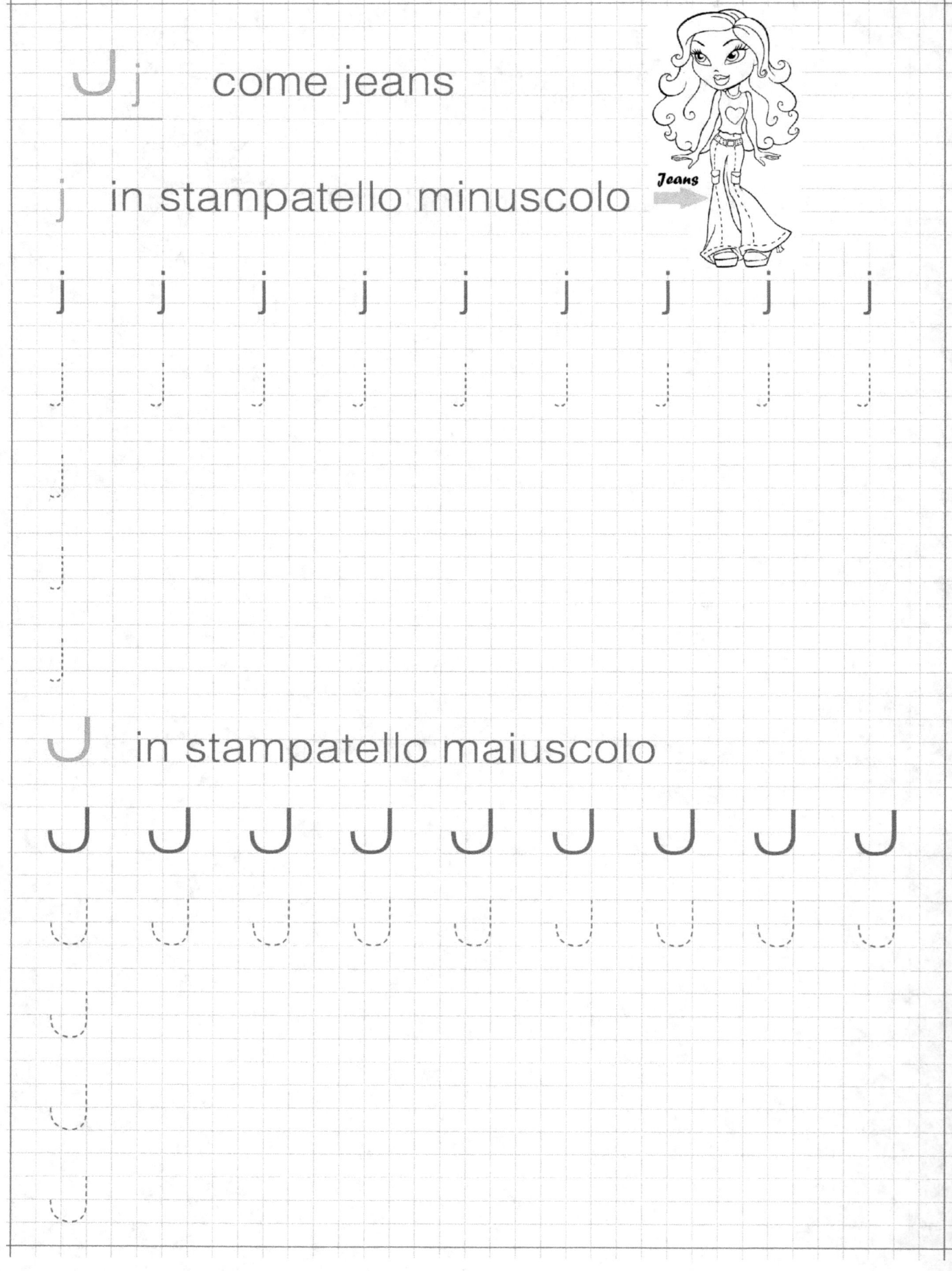

j   in stampatello minuscolo

j j j j j j j j j

j j j j j j j j j

j

j

J   in stampatello maiuscolo

J J J J J J J J J

J J J J J J J J J

J

J

J

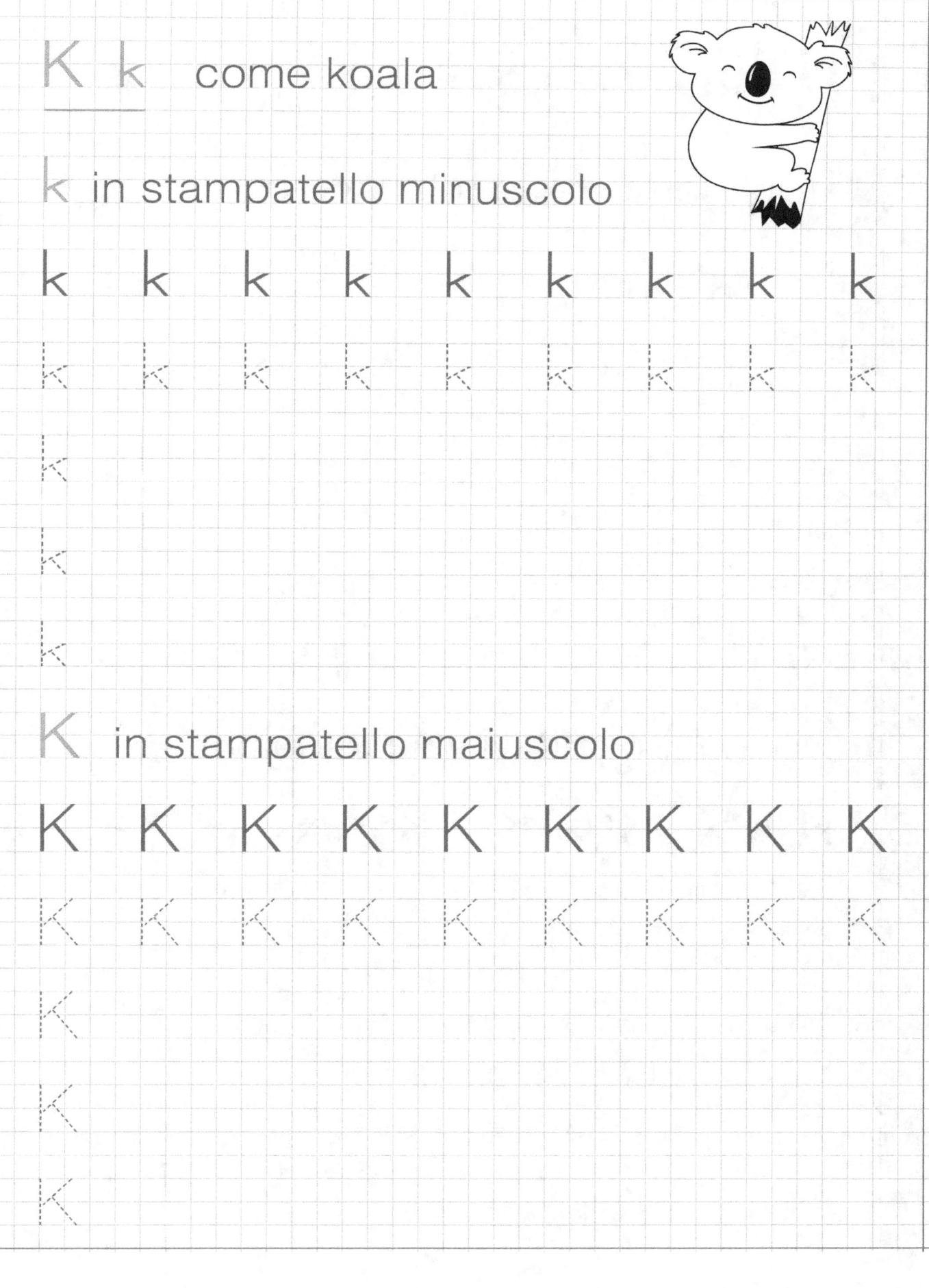

K k   come koala

k in stampatello minuscolo

k k k k k k k k k

K in stampatello maiuscolo

K K K K K K K K K

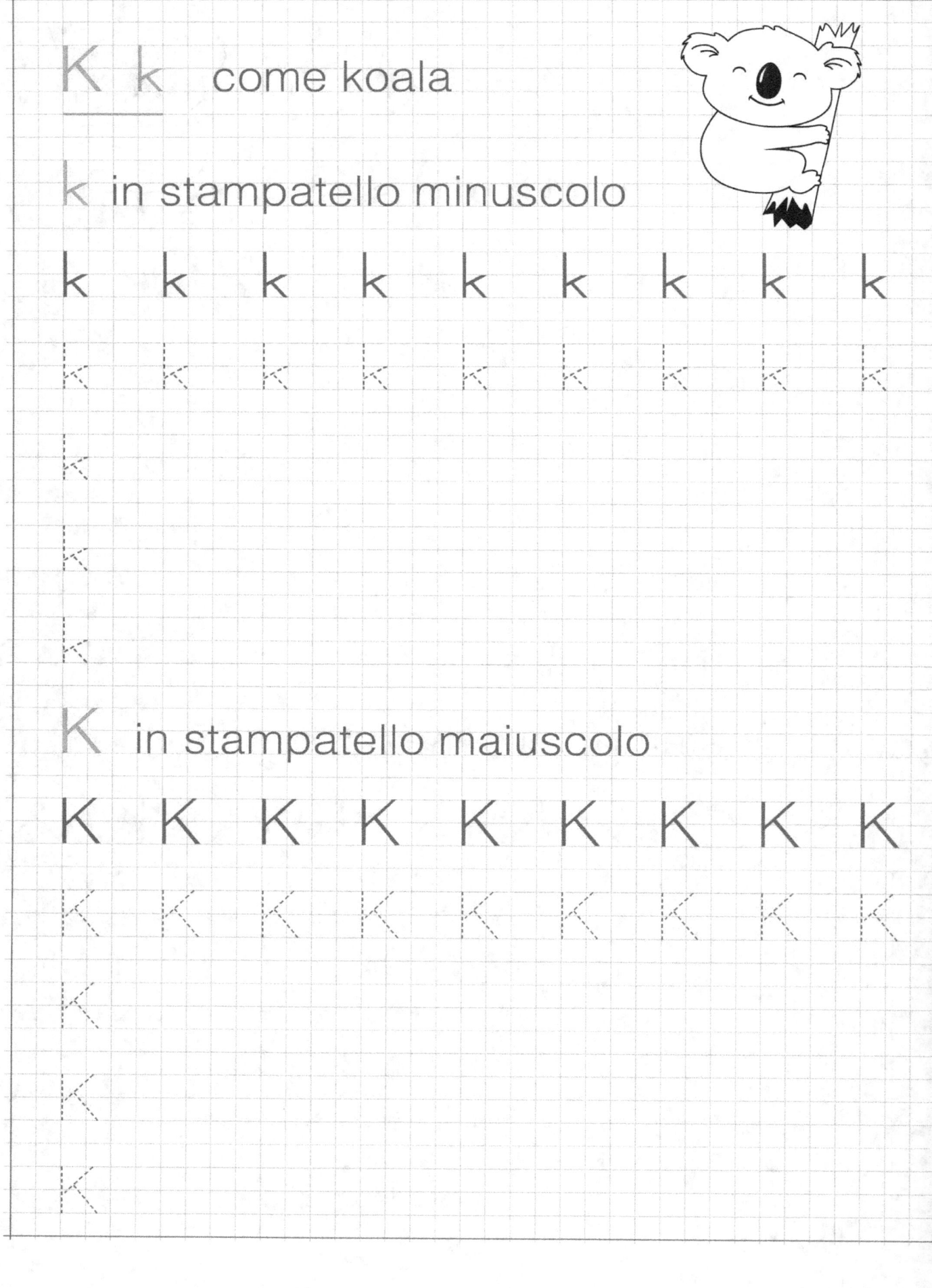

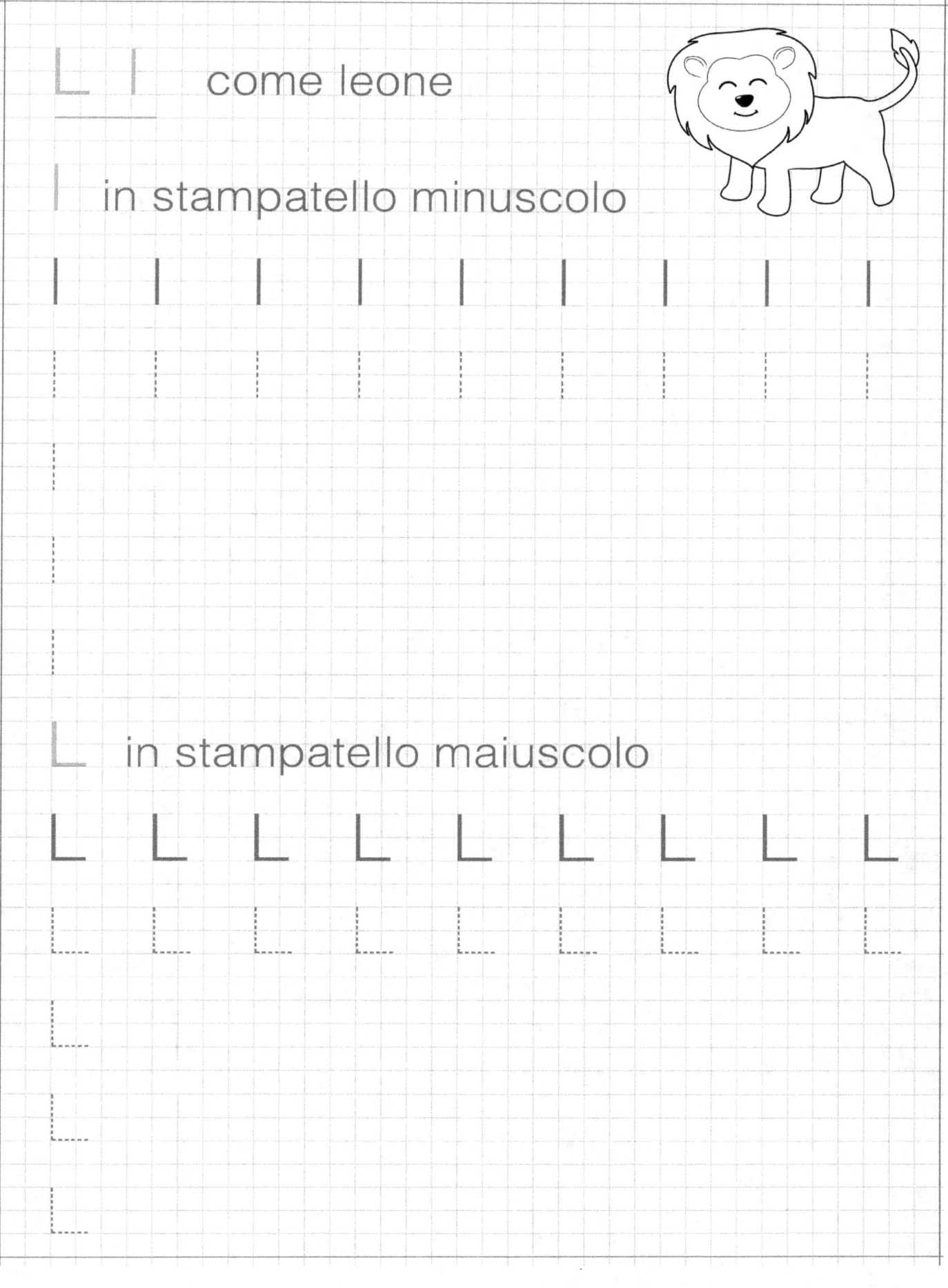

L l come leone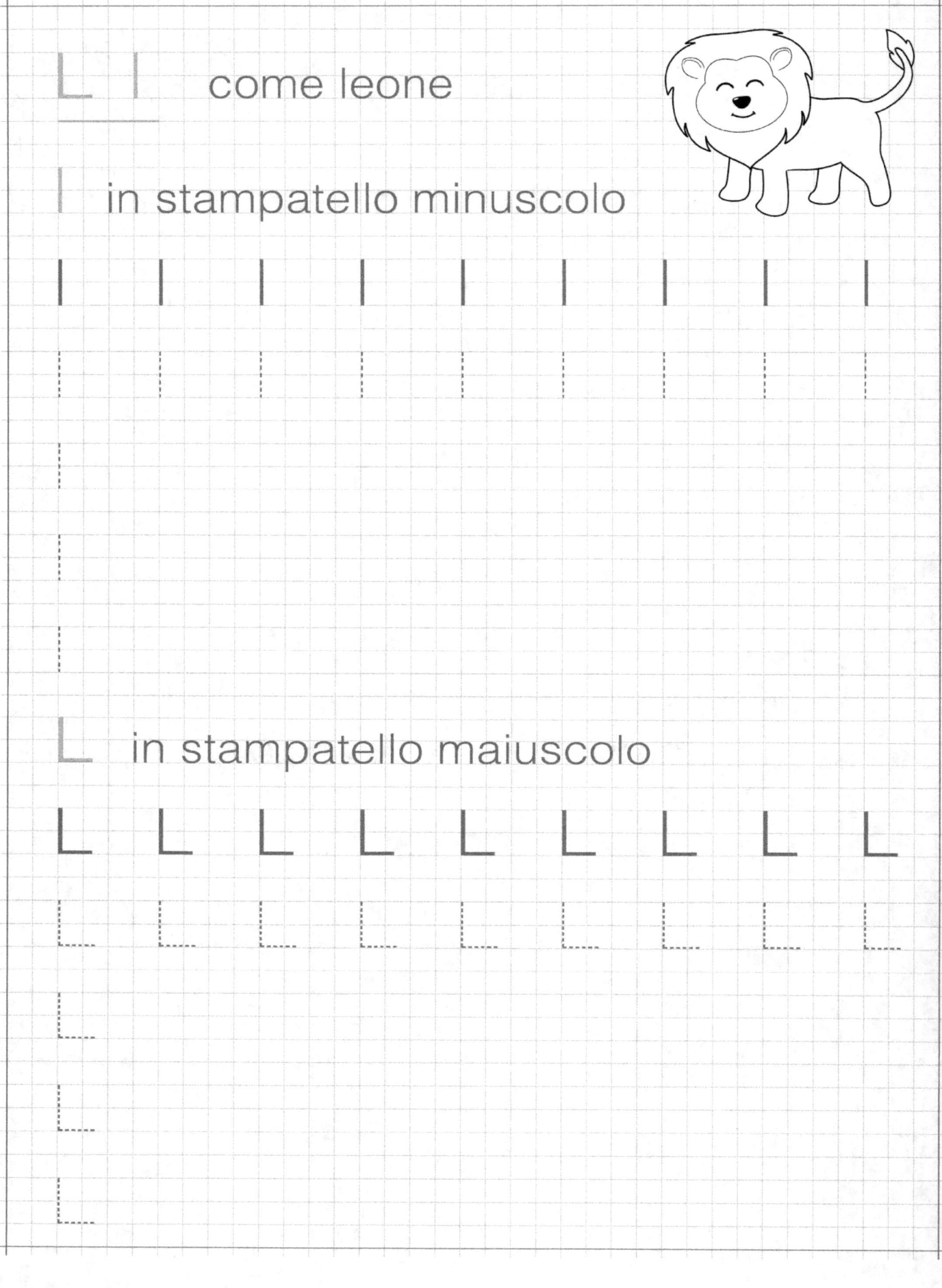

l in stampatello minuscolo

L in stampatello maiuscolo

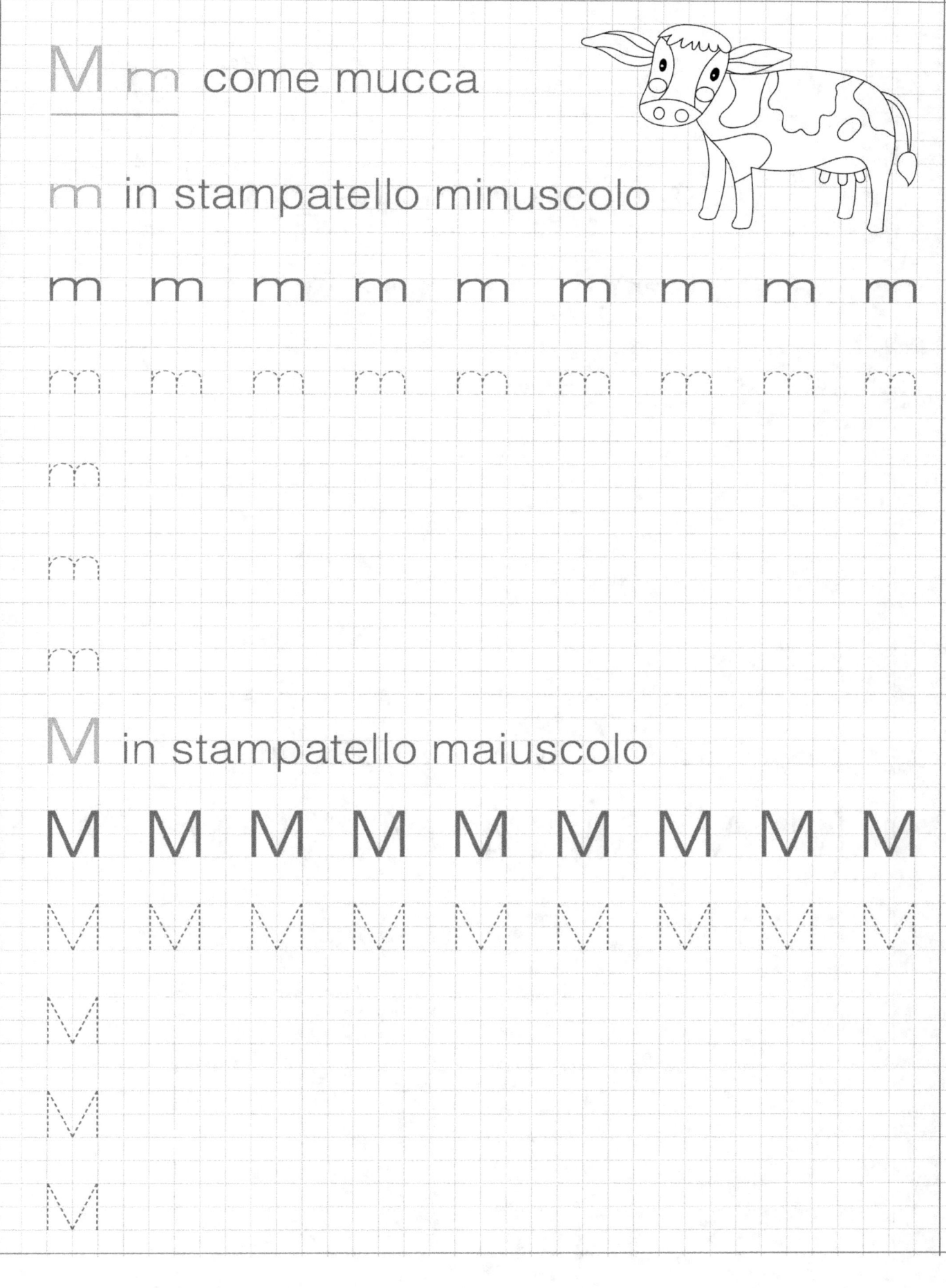

M m come mucca

m in stampatello minuscolo

m m m m m m m m

m m m m m m m m

m

m

m

M in stampatello maiuscolo

M M M M M M M M

M M M M M M M M

M

M

M

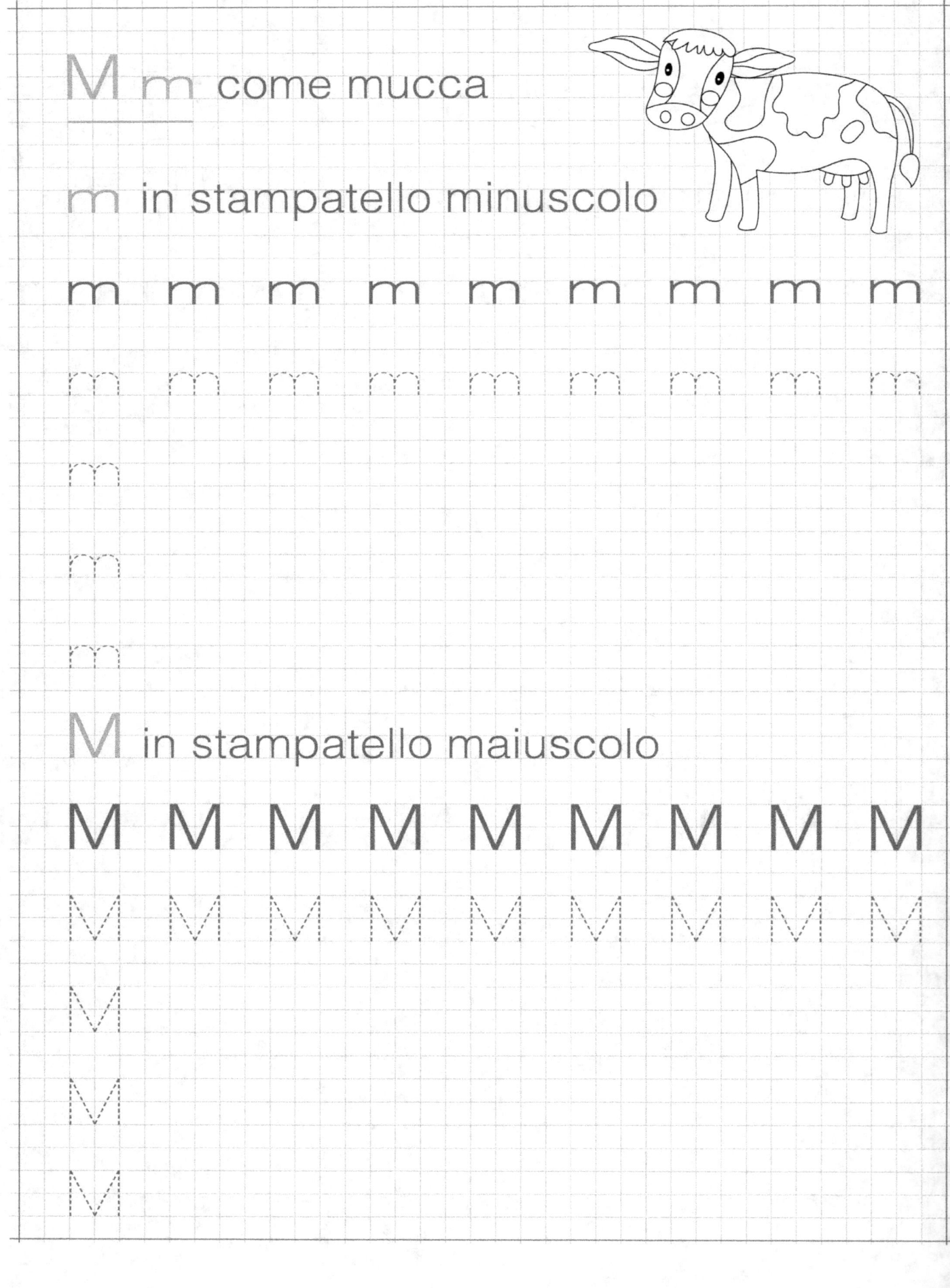

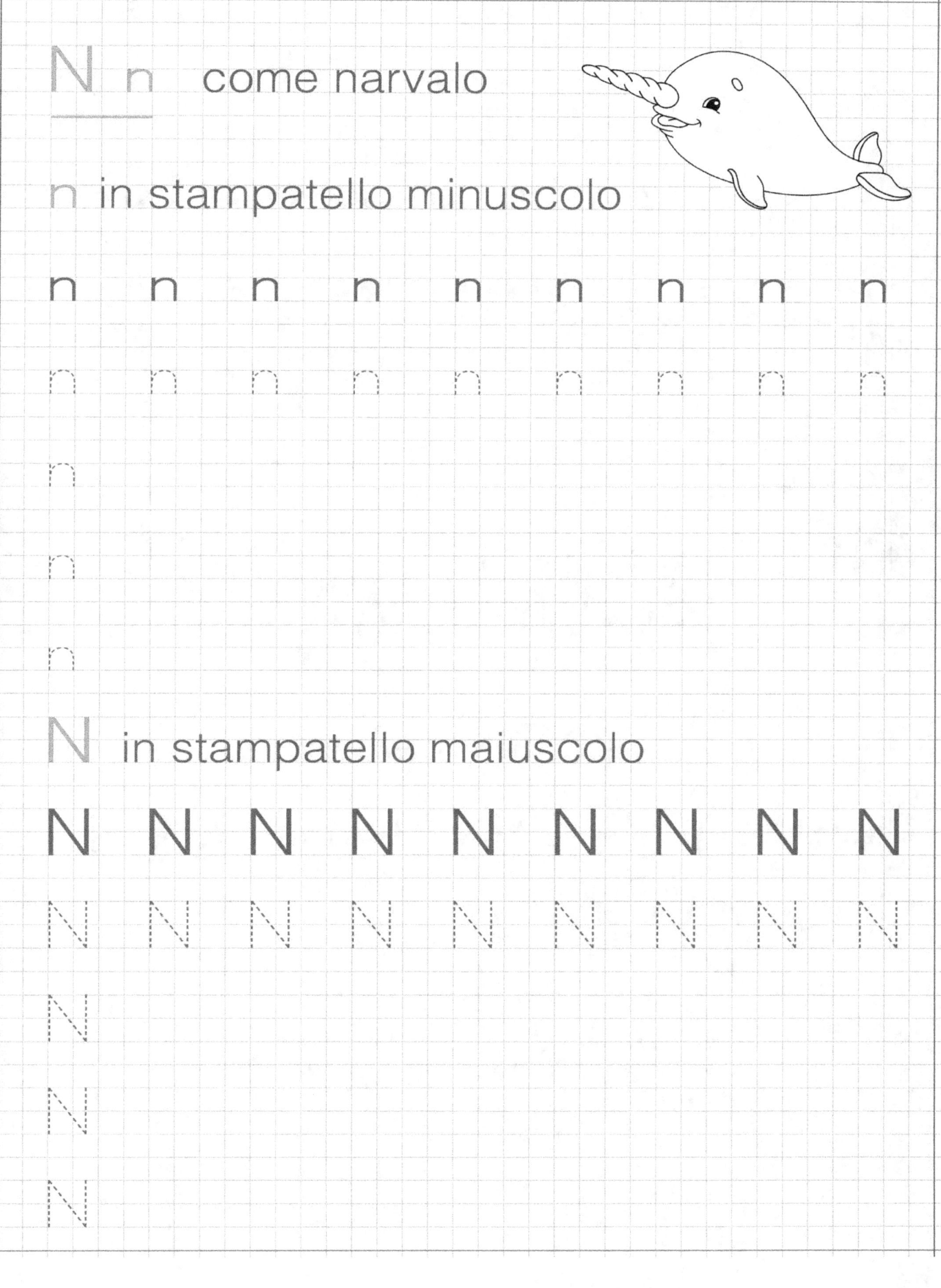

N n come narvalo

n in stampatello minuscolo

n n n n n n n n

n n n n n n n n

N in stampatello maiuscolo

N N N N N N N

N N N N N N N N

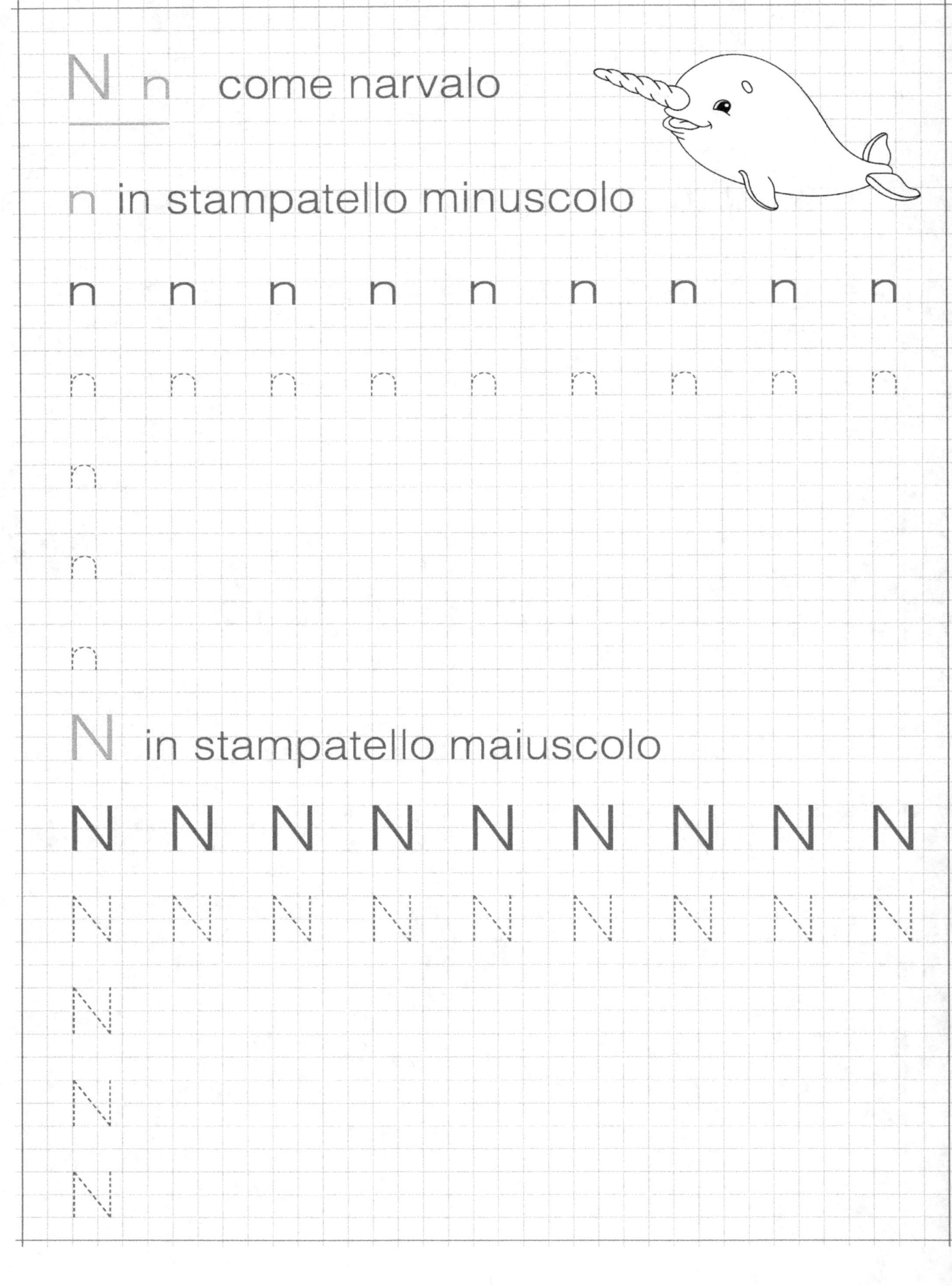

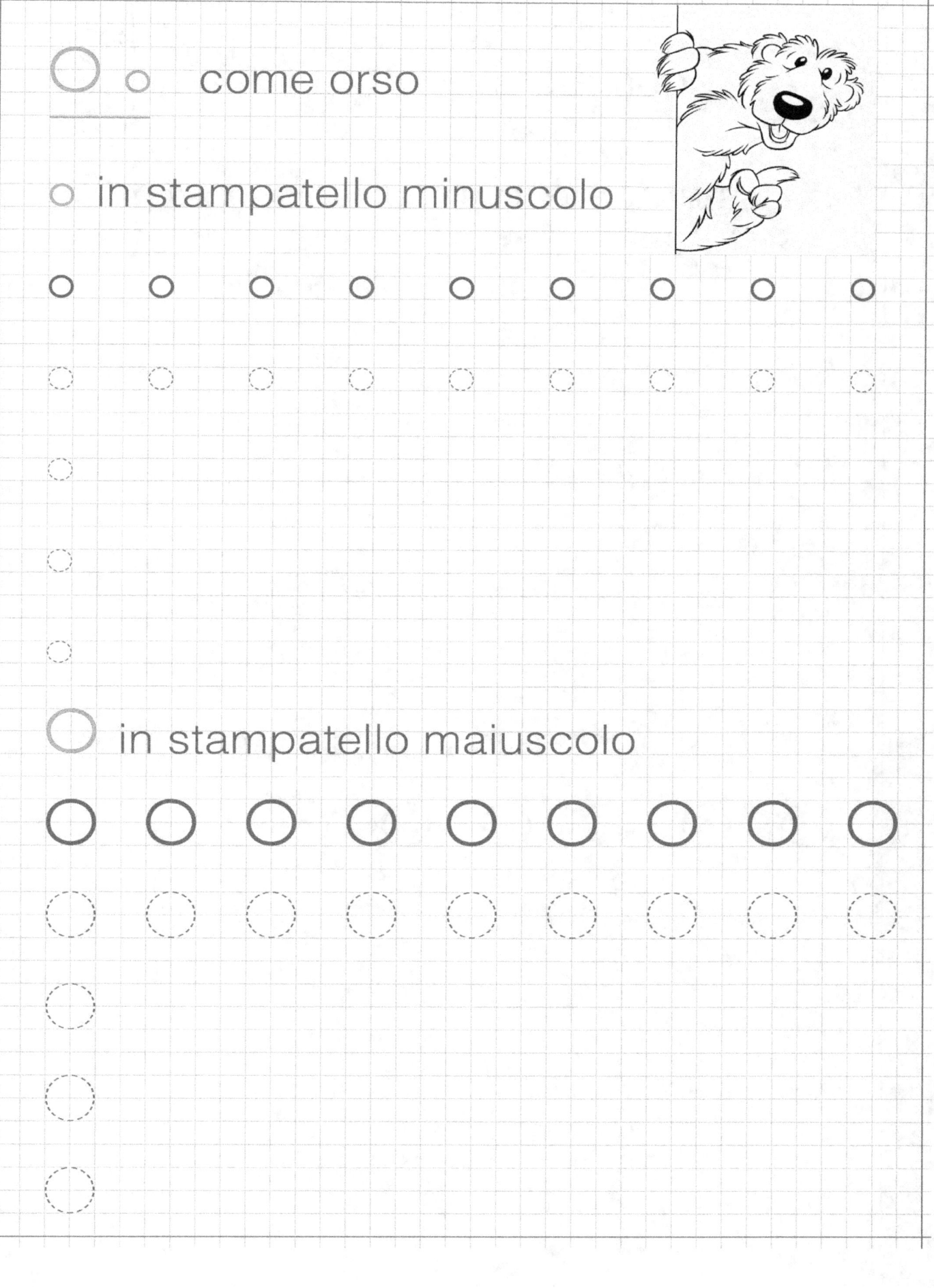

O o   come orso

o   in stampatello minuscolo

o o o o o o o o o

O   in stampatello maiuscolo

O O O O O O O O O

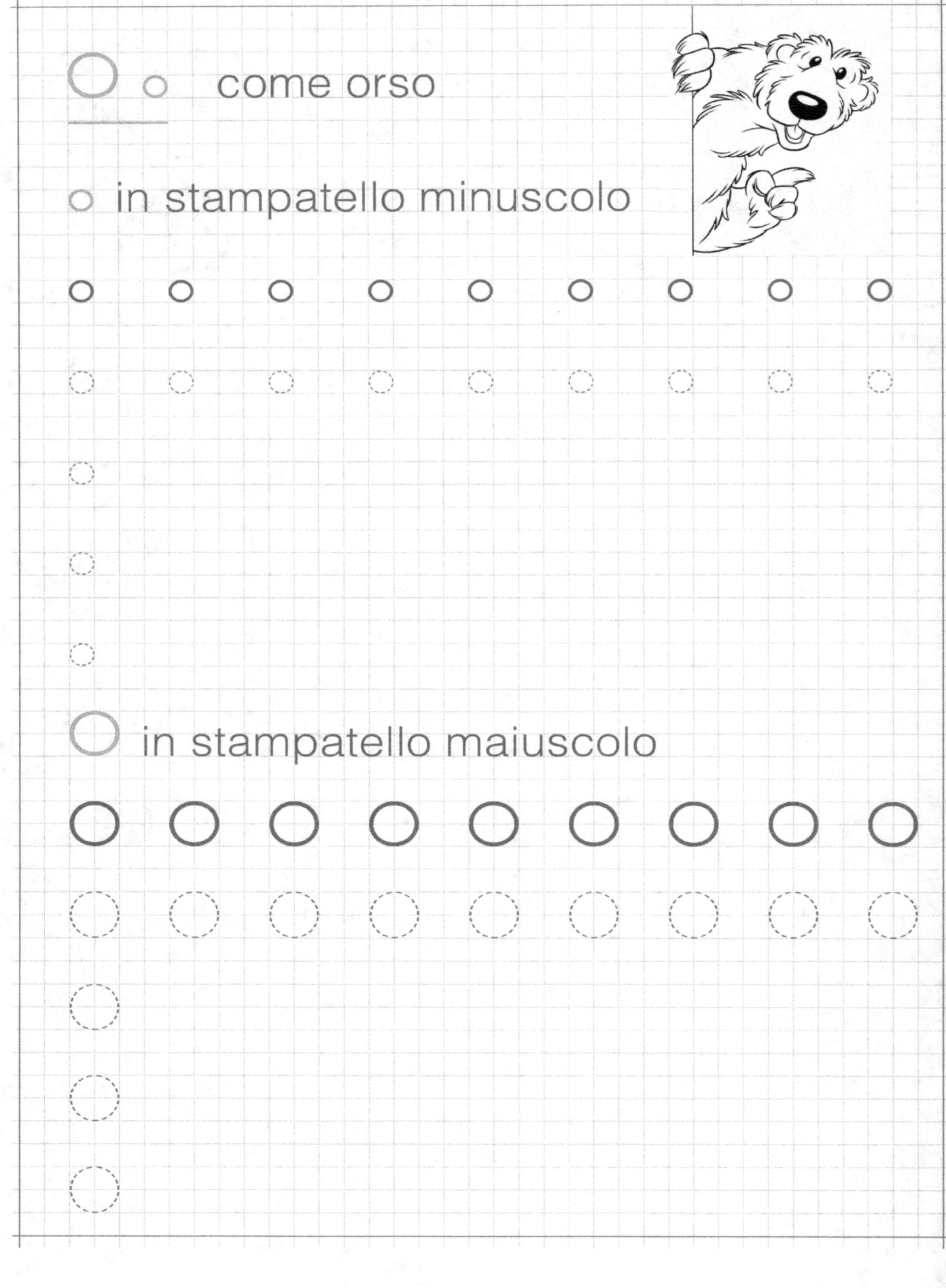

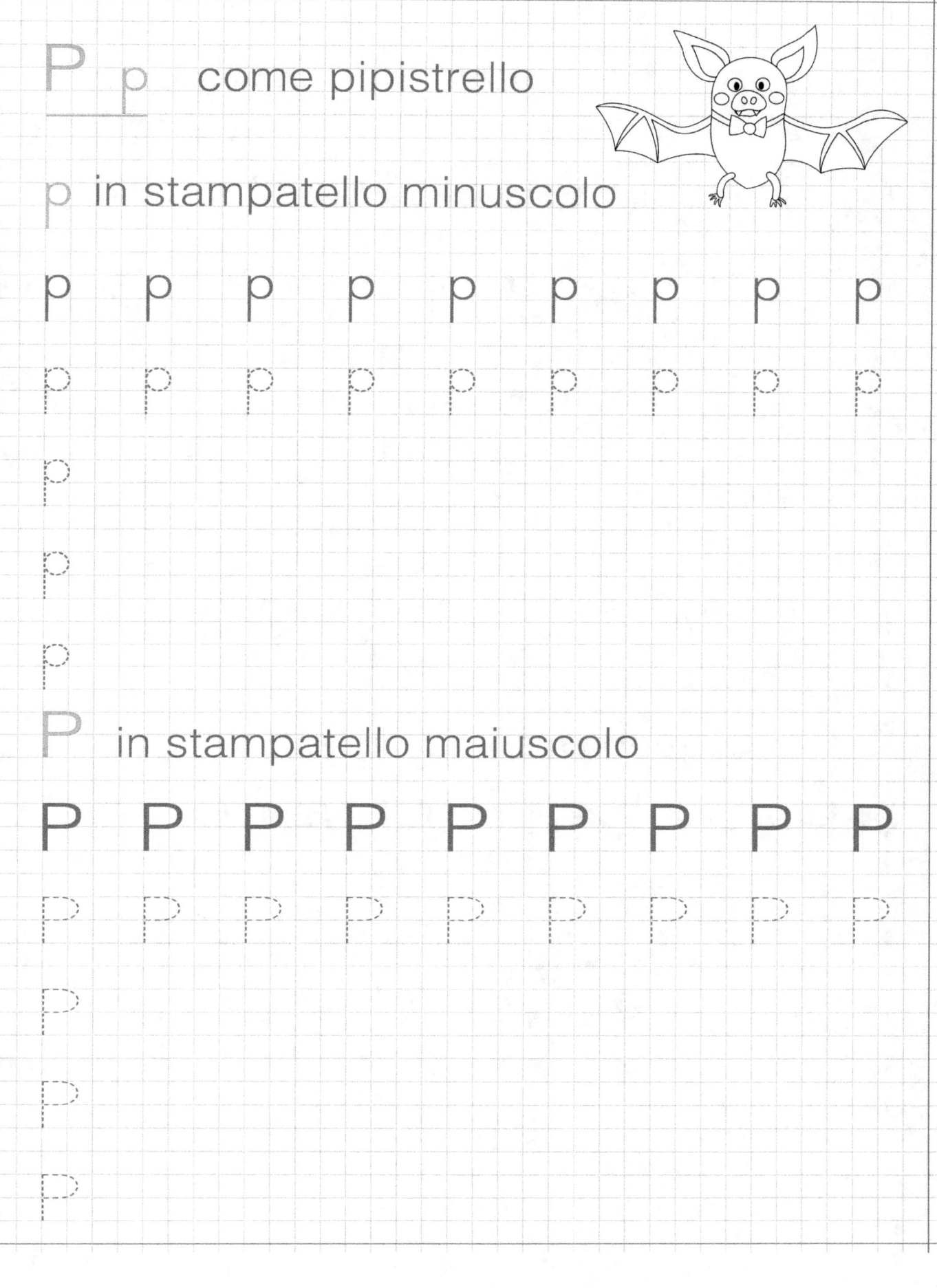

P p come pipistrello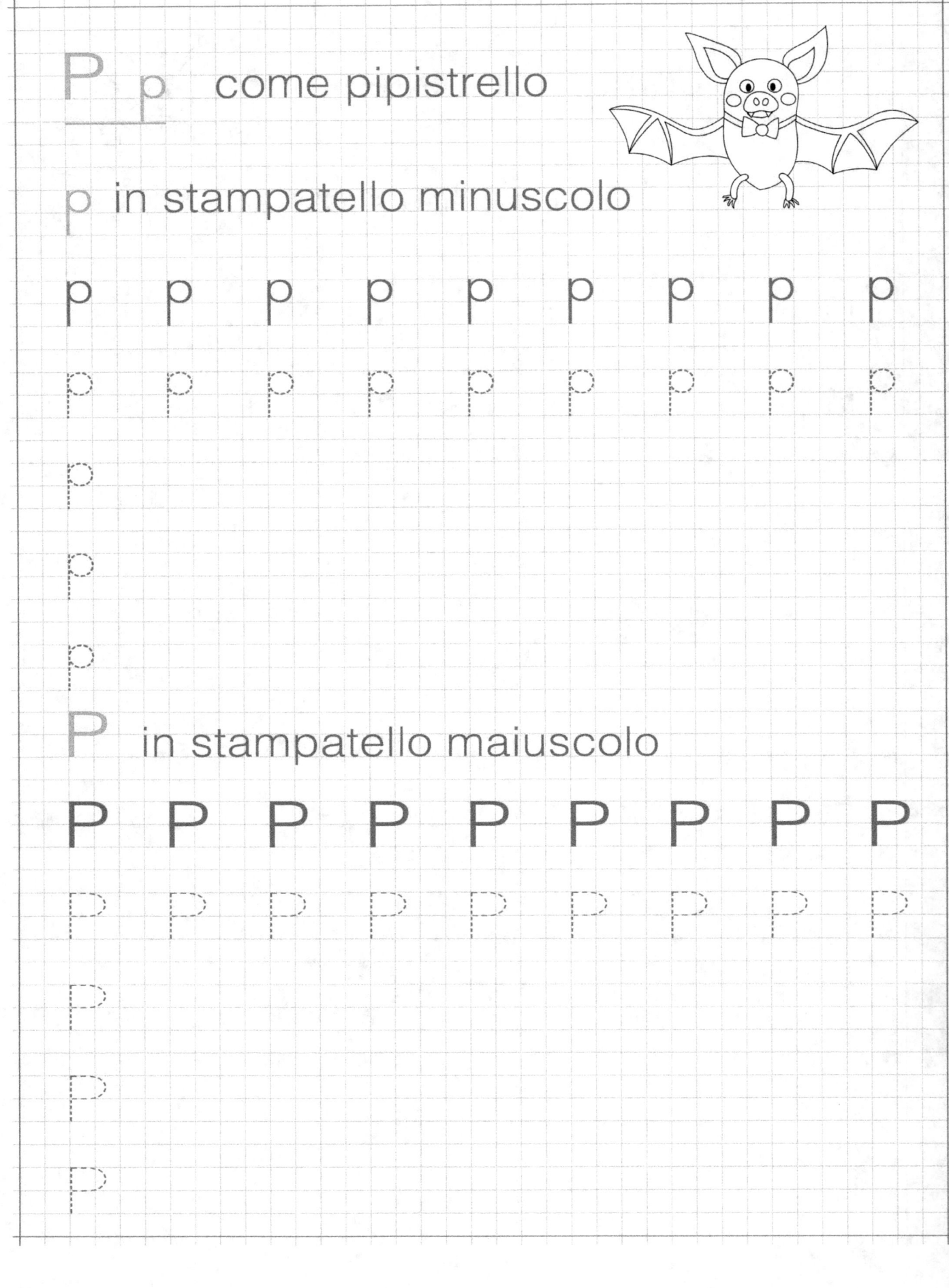

p in stampatello minuscolo

p p p p p p p p

p p p p p p p p

p

p

P in stampatello maiuscolo

P P P P P P P P

P P P P P P P P

P

P

P

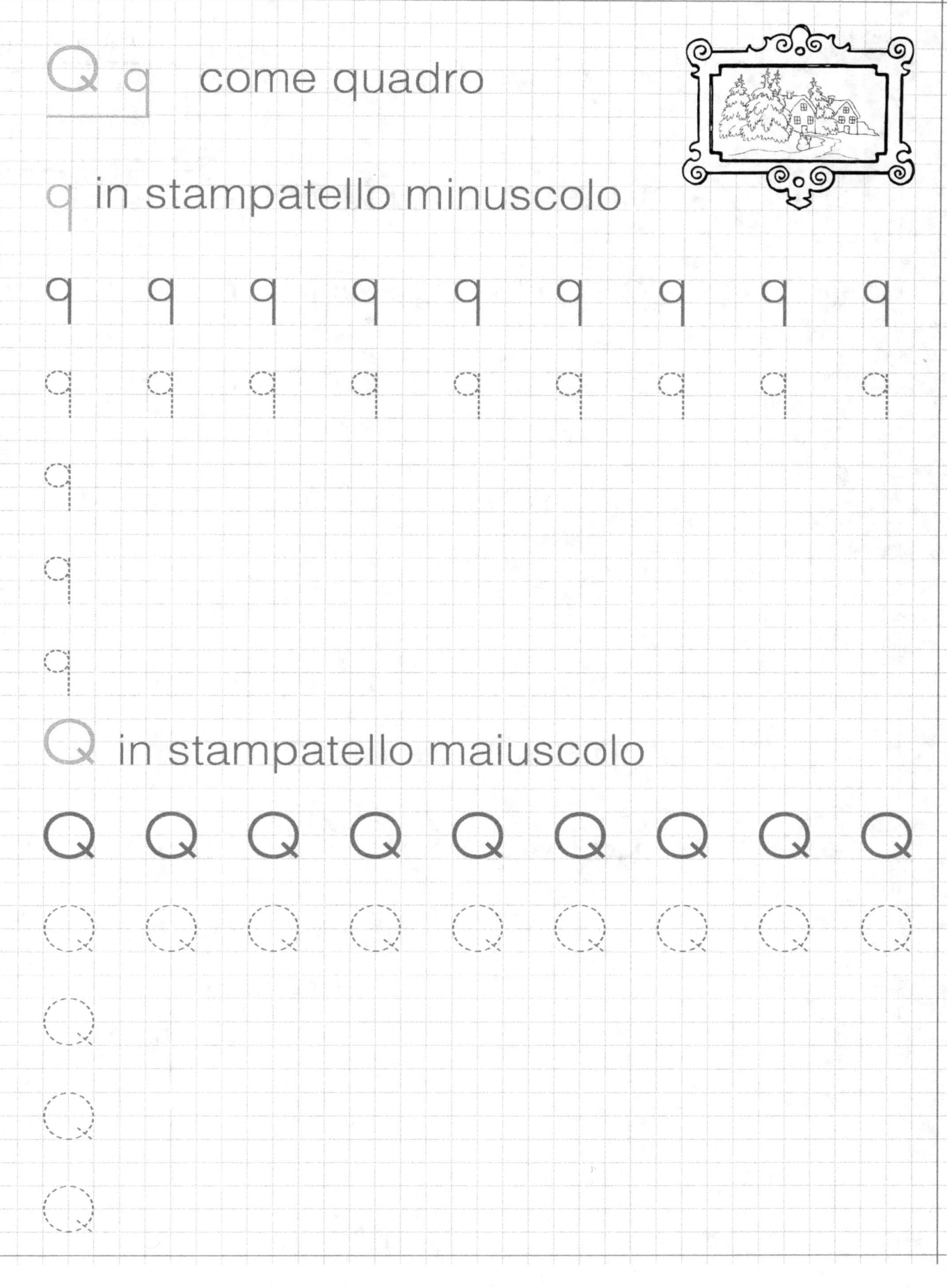

Q q   come quadro

q in stampatello minuscolo

q q q q q q q q q

Q in stampatello maiuscolo

Q Q Q Q Q Q Q Q Q

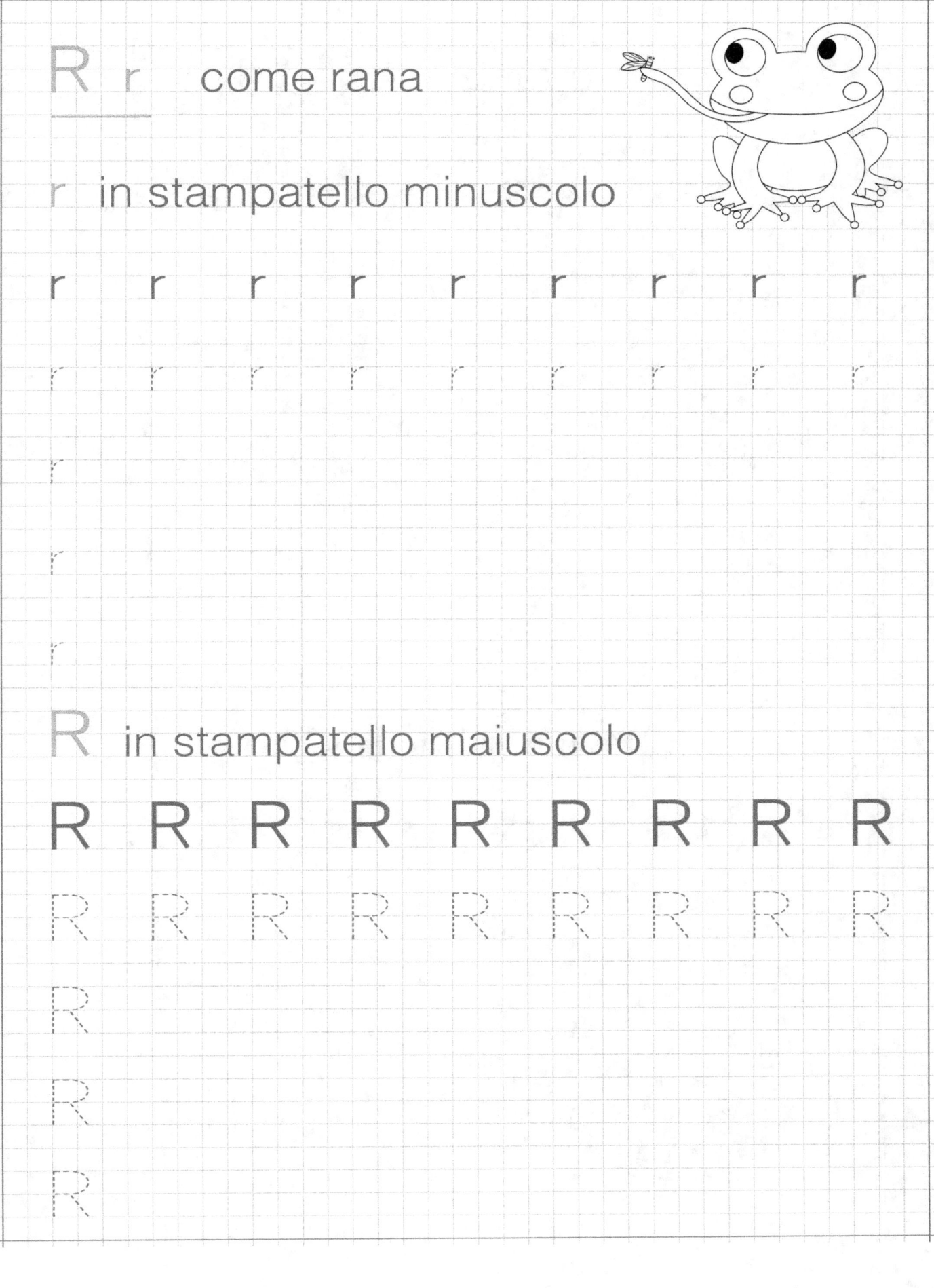

R r come rana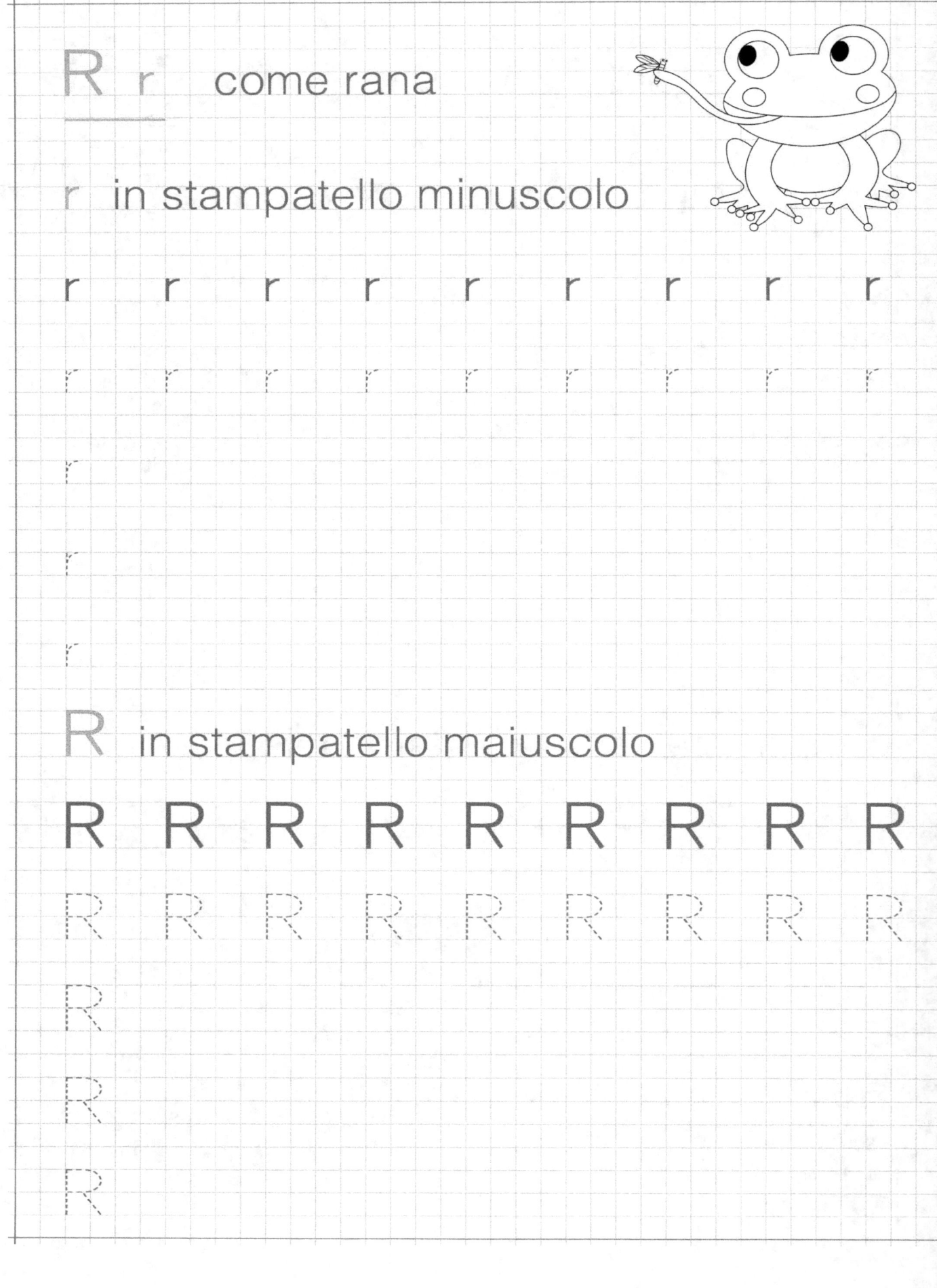

r in stampatello minuscolo

r r r r r r r r r

r r r r r r r r r

r

r

r

R in stampatello maiuscolo

R R R R R R R R R

R R R R R R R R R

R

R

R

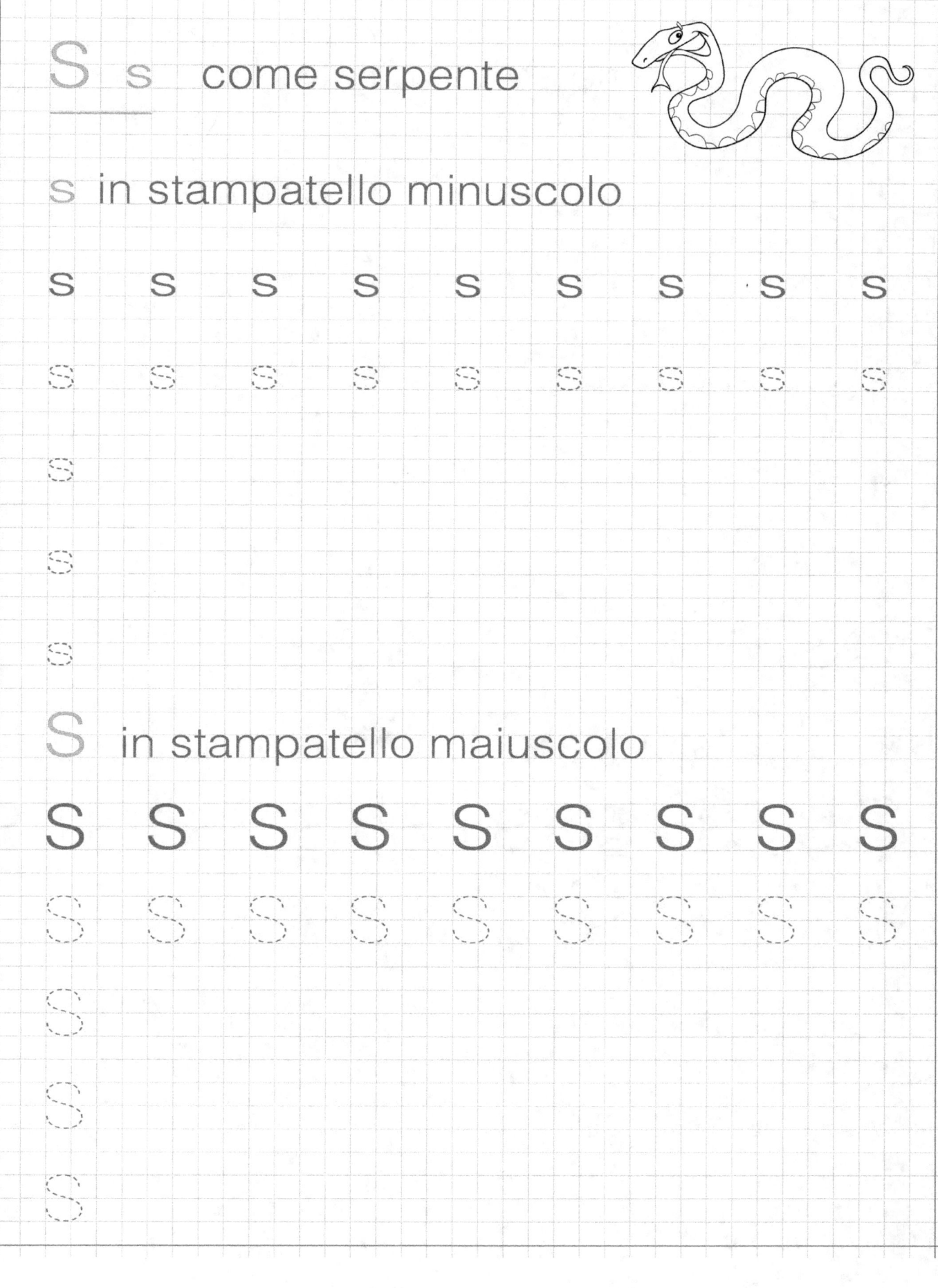

S s   come serpente

s in stampatello minuscolo

s s s s s s s s s

s s s s s s s s s

s

s

s

S in stampatello maiuscolo

S S S S S S S S S

S S S S S S S S S

S

S

S

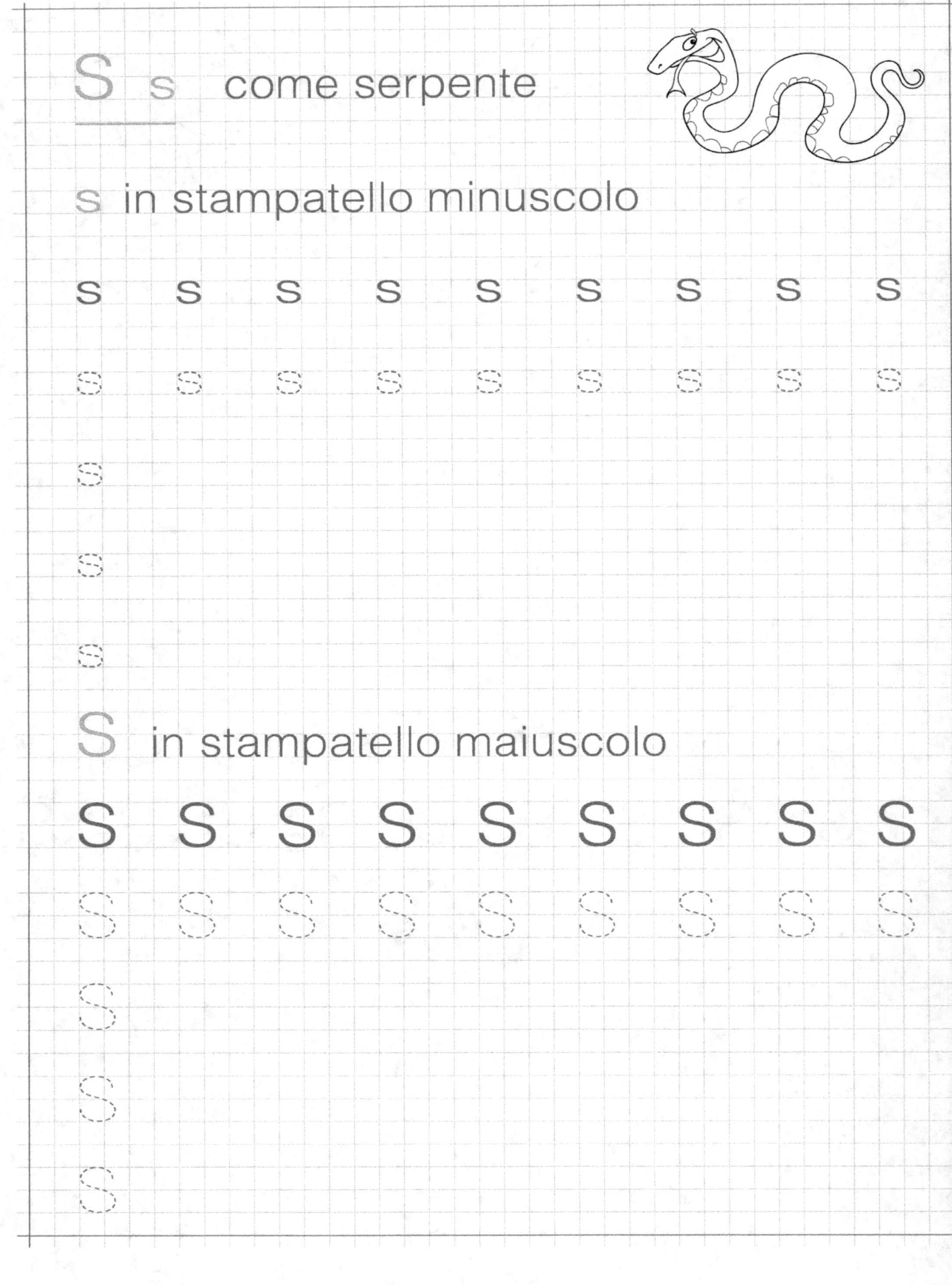

T t   come topo

t   in stampatello minuscolo

t t t t t t t t t
t t t t t t t t t
t

T   in stampatello maiuscolo

T T T T T T T T T
T T T T T T T T T
T
T
T

T t come topo

t in stampatello minuscolo

t t t t t t t t t

t t t t t t t t t

t
t
t

T in stampatello maiuscolo

T T T T T T T T T

T T T T T T T T T

T
T
T

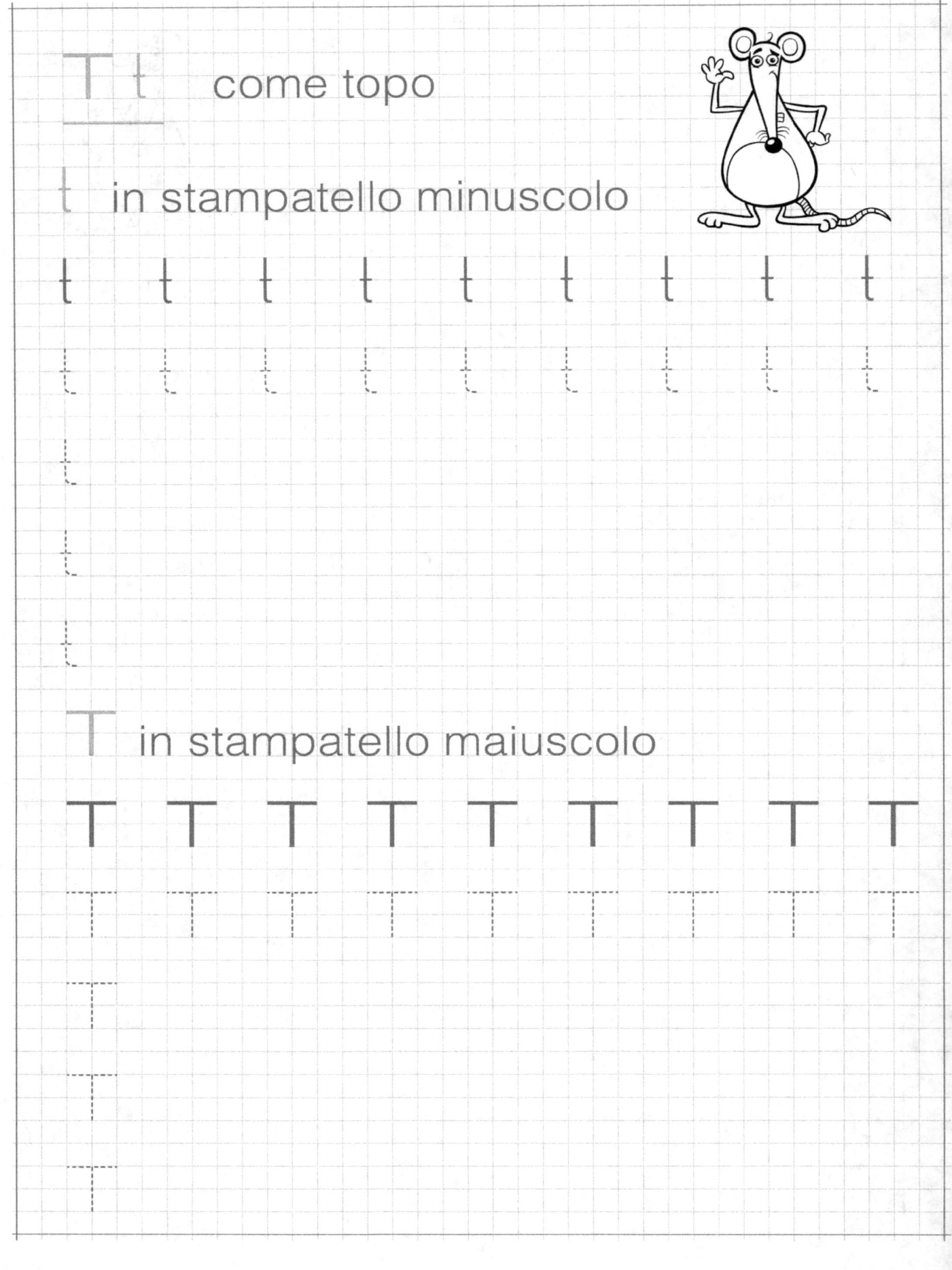

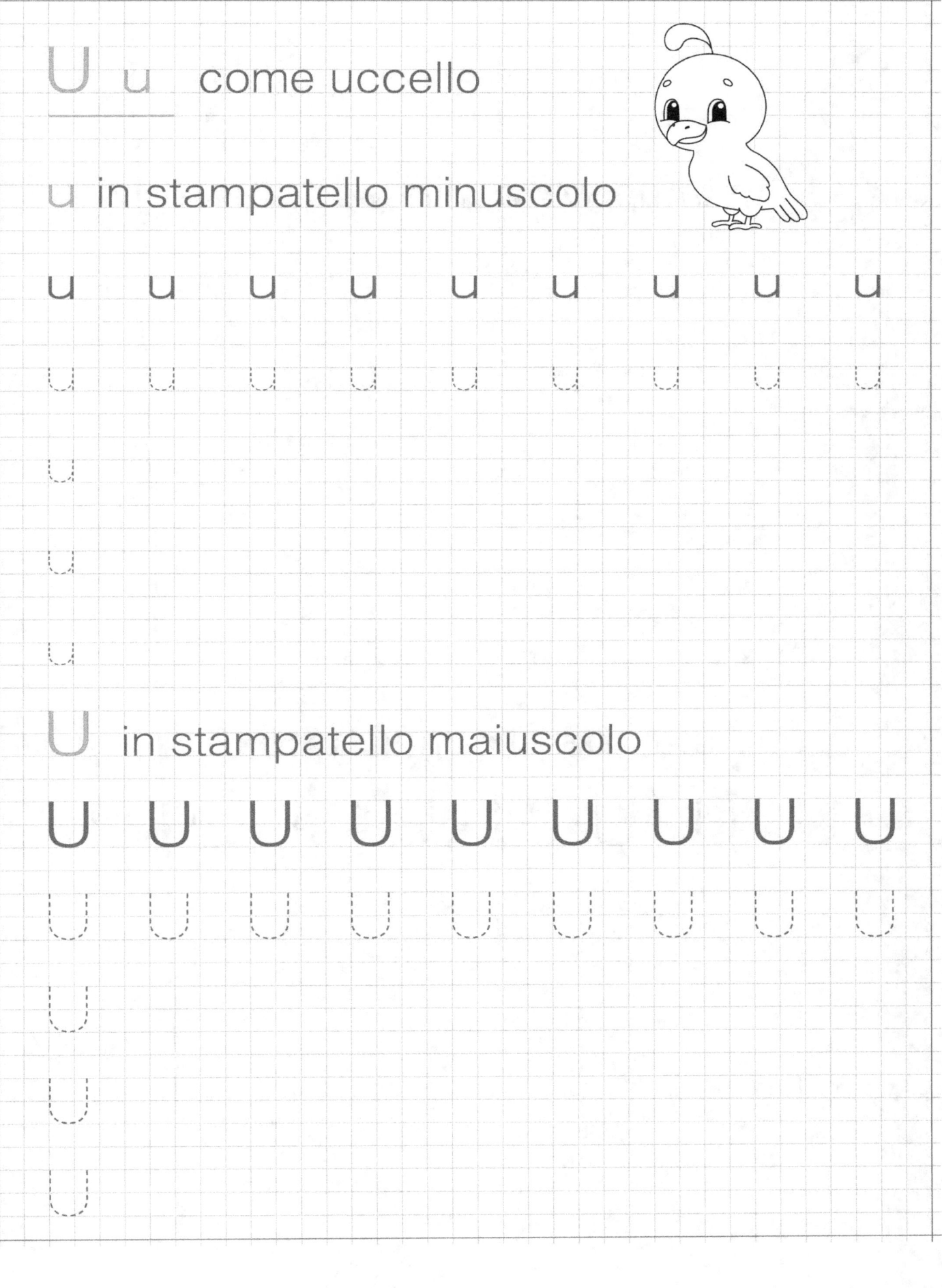

U u come uccello

u in stampatello minuscolo

u u u u u u u u u

U in stampatello maiuscolo

U U U U U U U U U

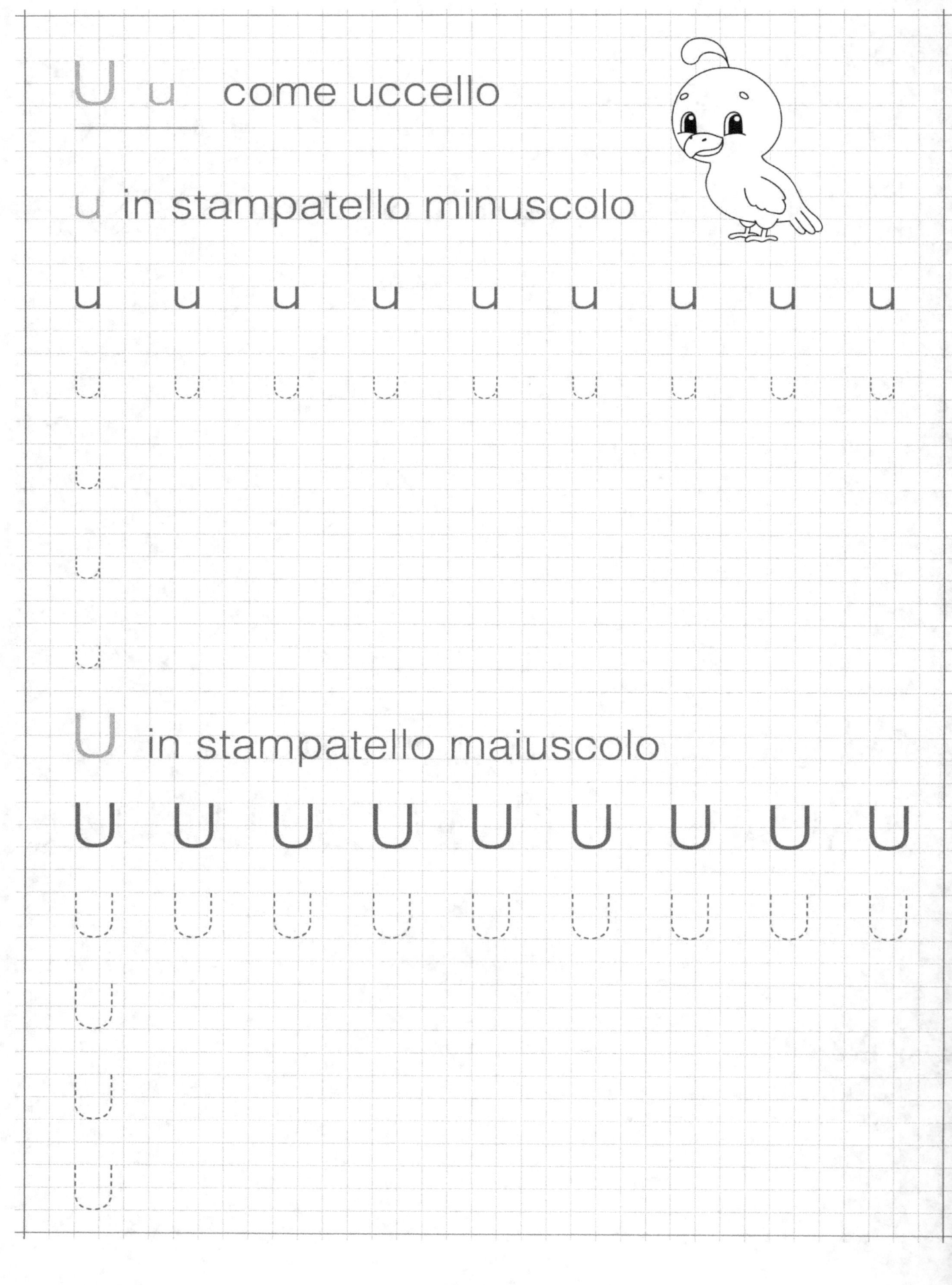

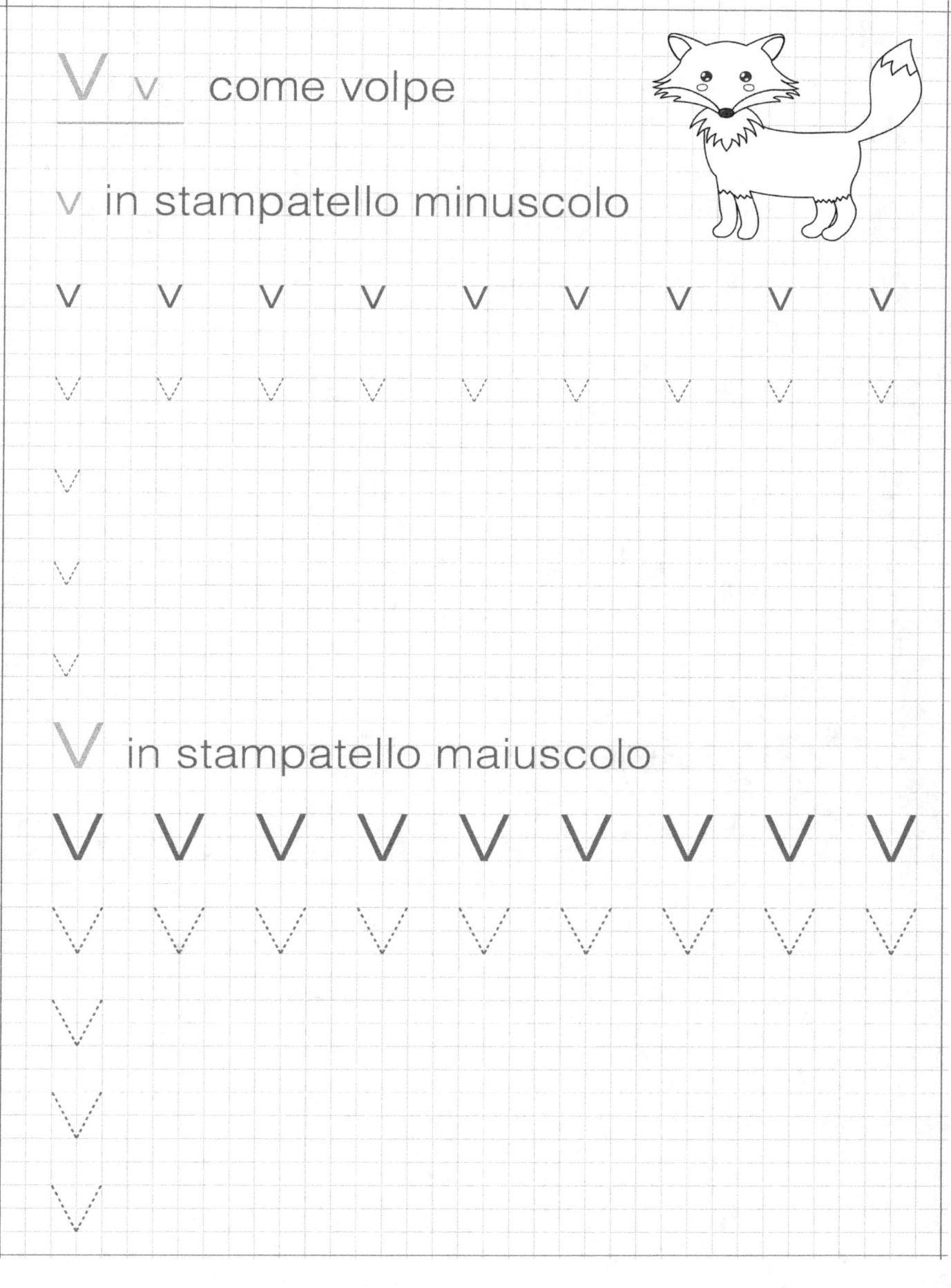

V v come volpe

v in stampatello minuscolo

V in stampatello maiuscolo

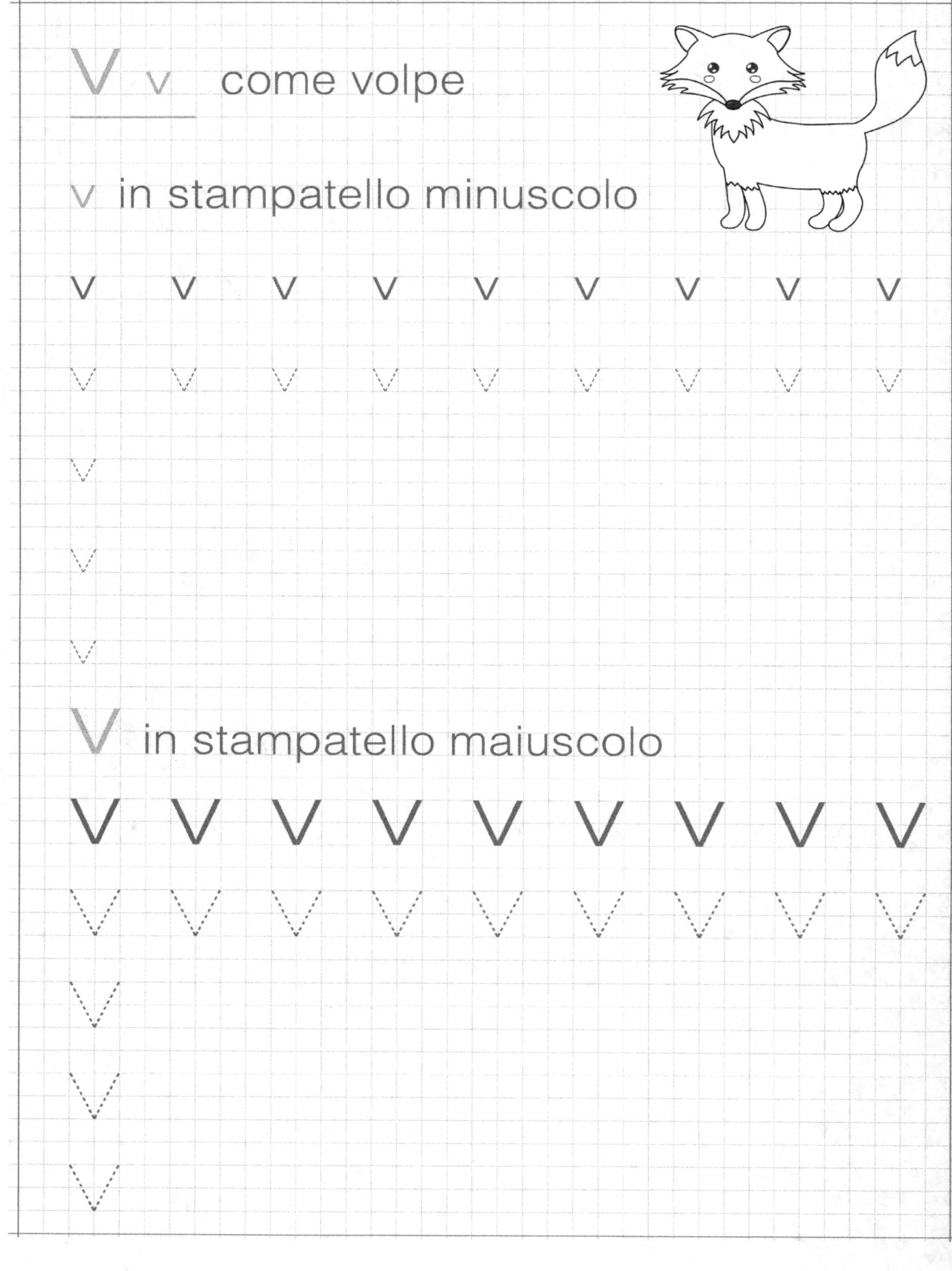

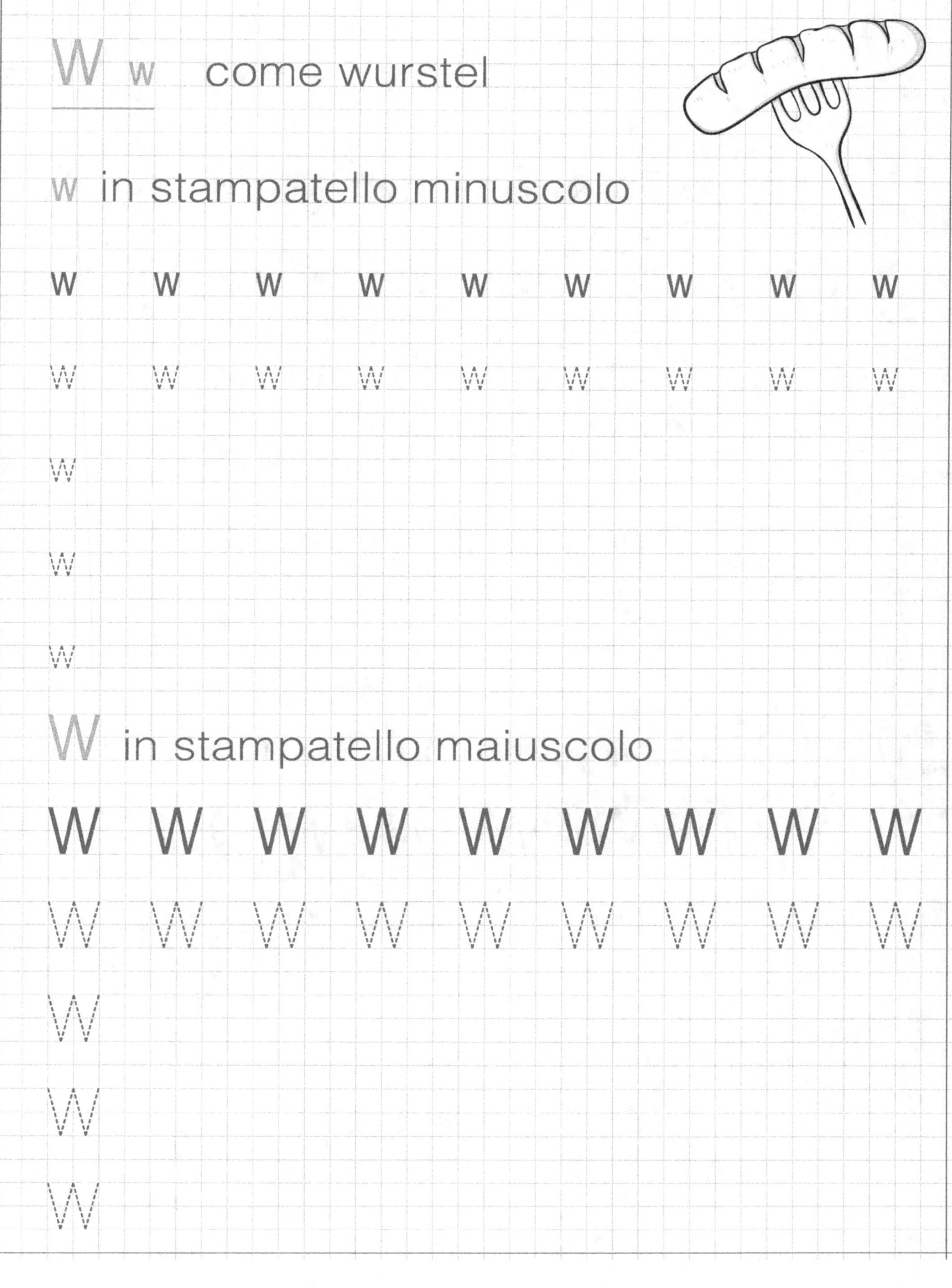

W w   come wurstel

w in stampatello minuscolo

w w w w w w w w w
w w w w w w w w w
w
w
w

W in stampatello maiuscolo

W W W W W W W W W
W W W W W W W W W
W
W
W

W w   come wurstel

w in stampatello minuscolo

w w w w w w w w w

w w w w w w w w w

w

w

w

W in stampatello maiuscolo

W W W W W W W W W

W W W W W W W W W

W

W

W

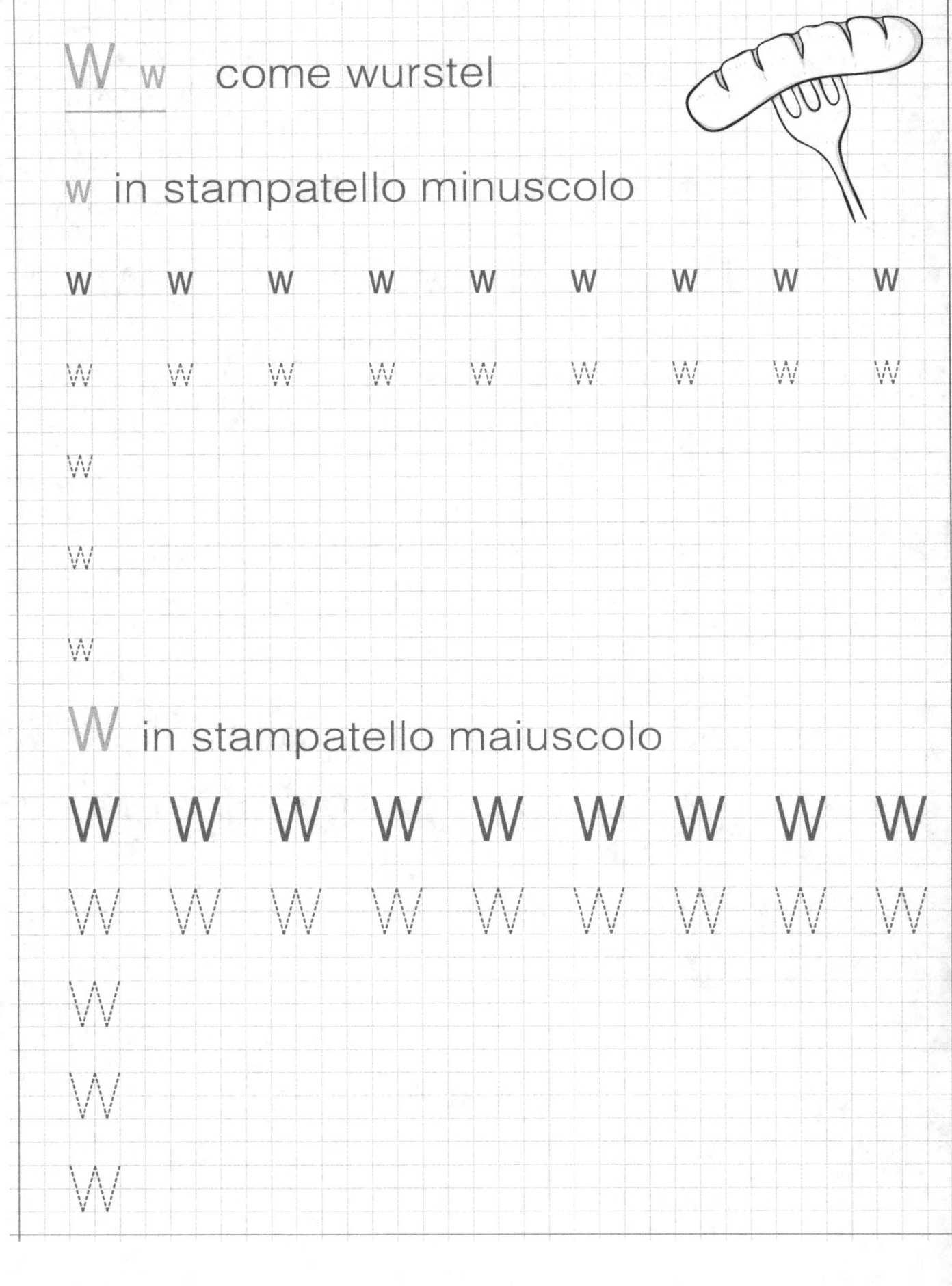

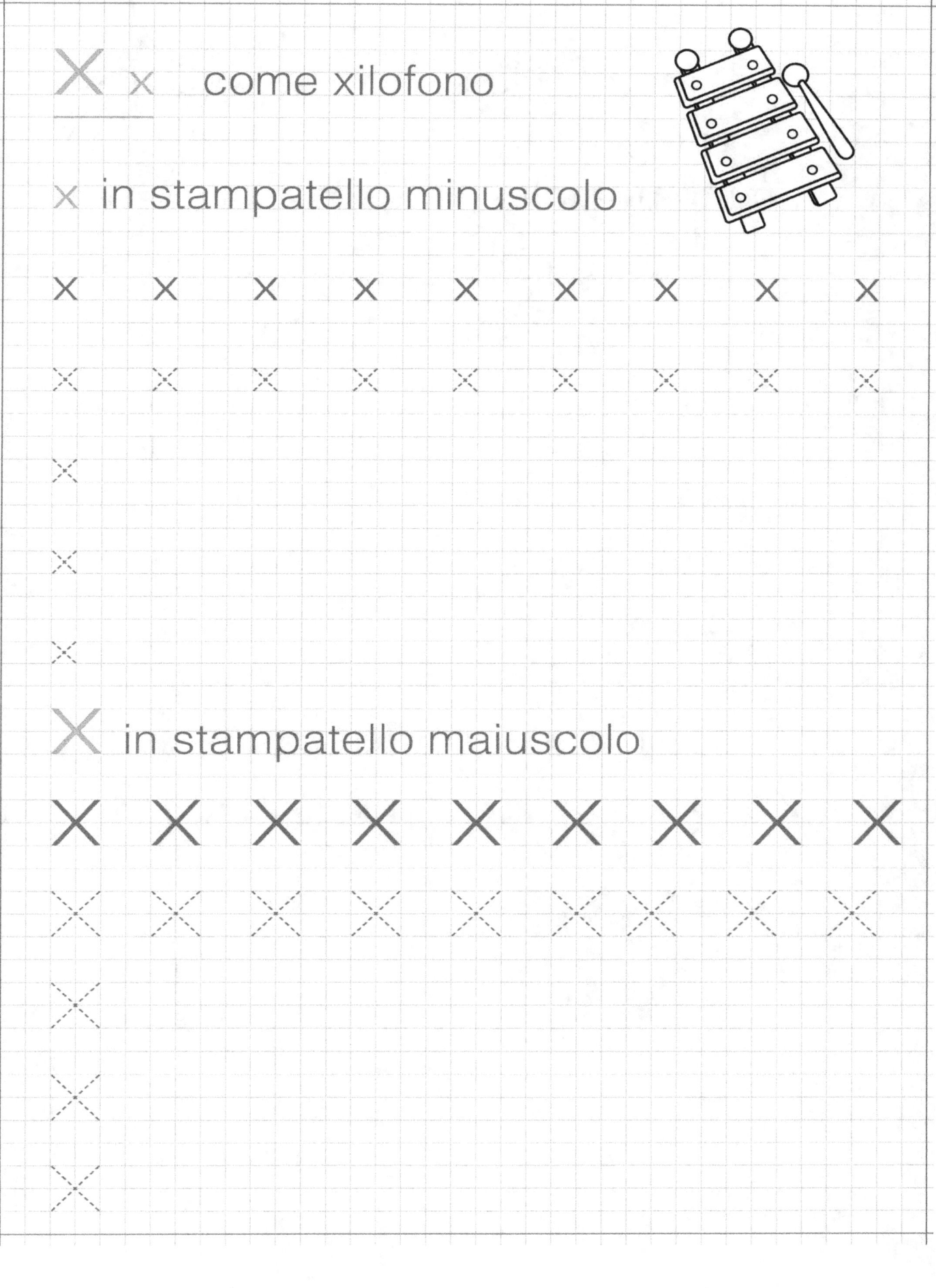

X x   come xilofono

x in stampatello minuscolo

x x x x x x x x x

x x x x x x x x x

x

x

x

X in stampatello maiuscolo

X X X X X X X X X

X X X X X X X X X

X

X

X

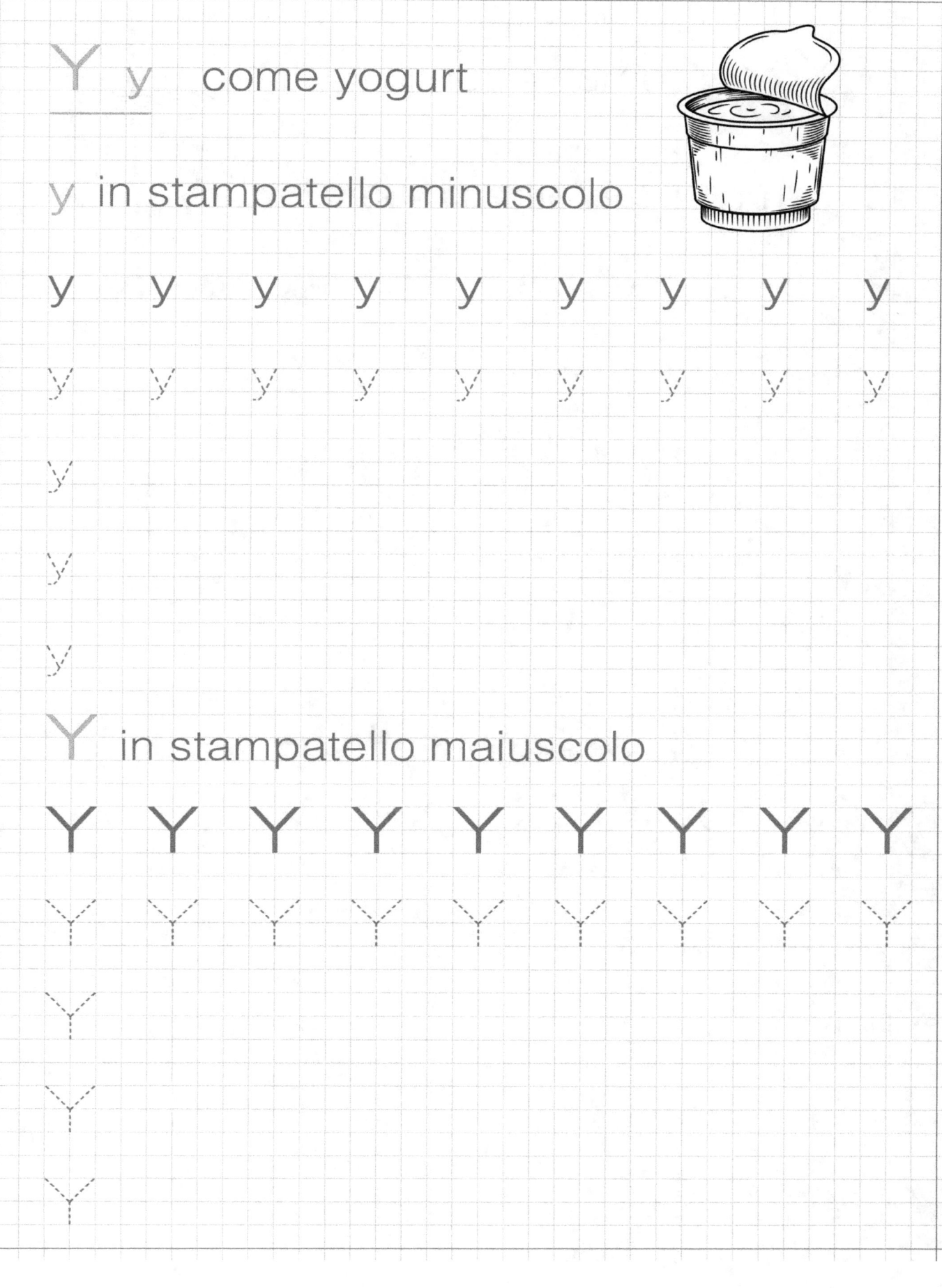

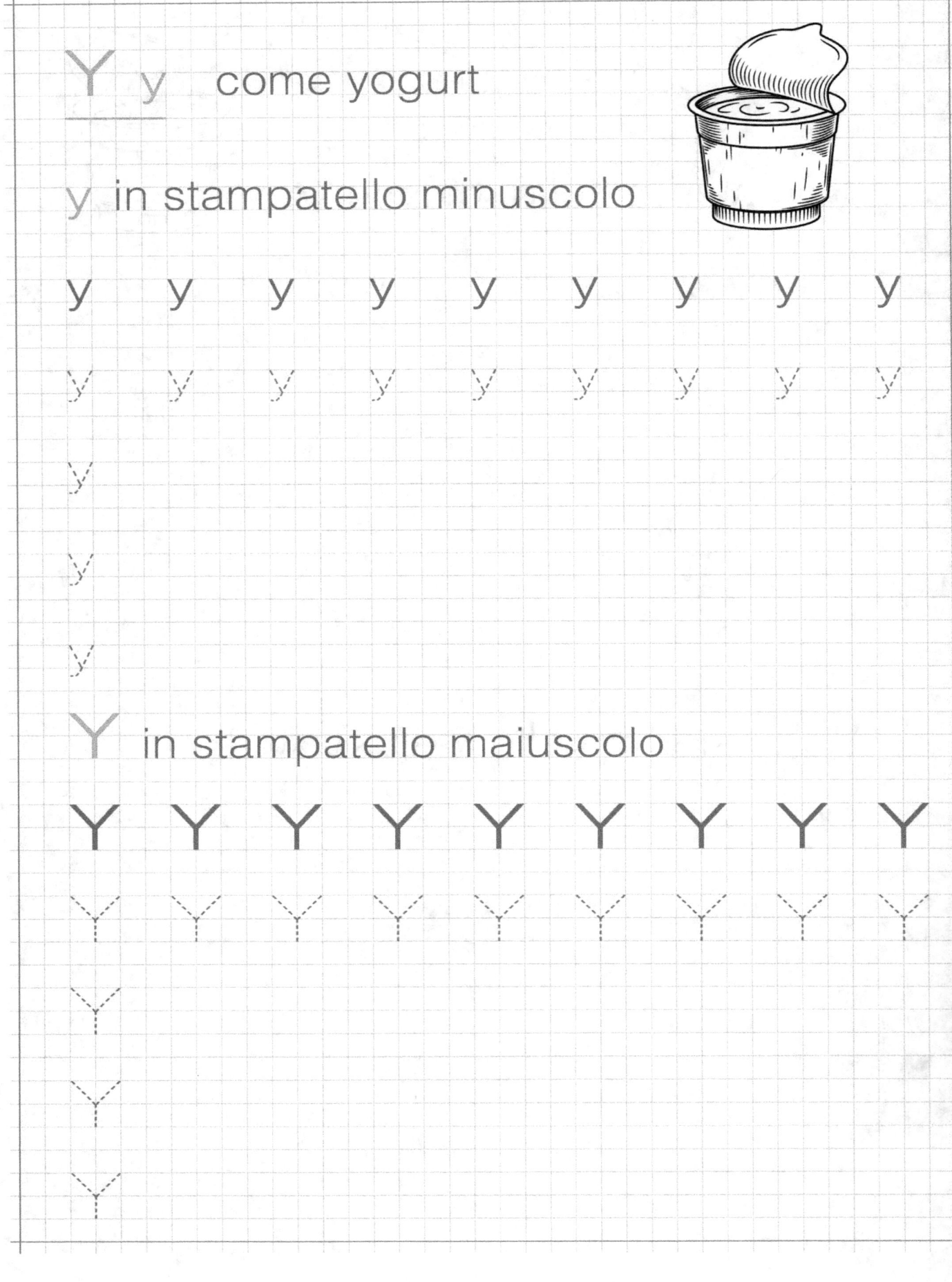

Z z come zebra

z in stampatello minuscolo

z z z z z z z z z

z z z z z z z z z

Z in stampatello maiuscolo

Z Z Z Z Z Z Z Z Z

Z Z Z Z Z Z Z Z Z

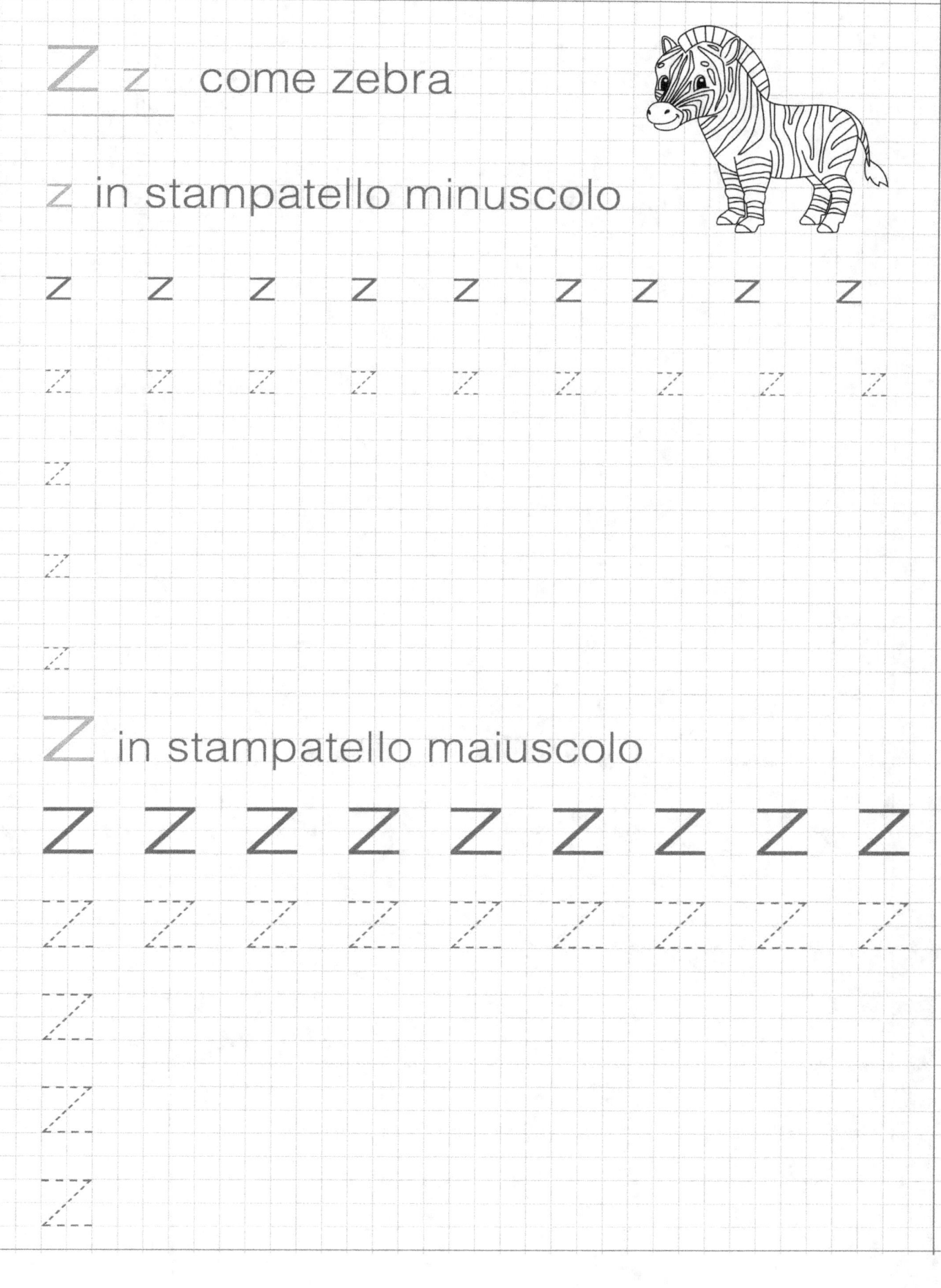

Z z   come zebra

z in stampatello minuscolo

z z z z z z z z z

Z in stampatello maiuscolo

Z Z Z Z Z Z Z Z Z

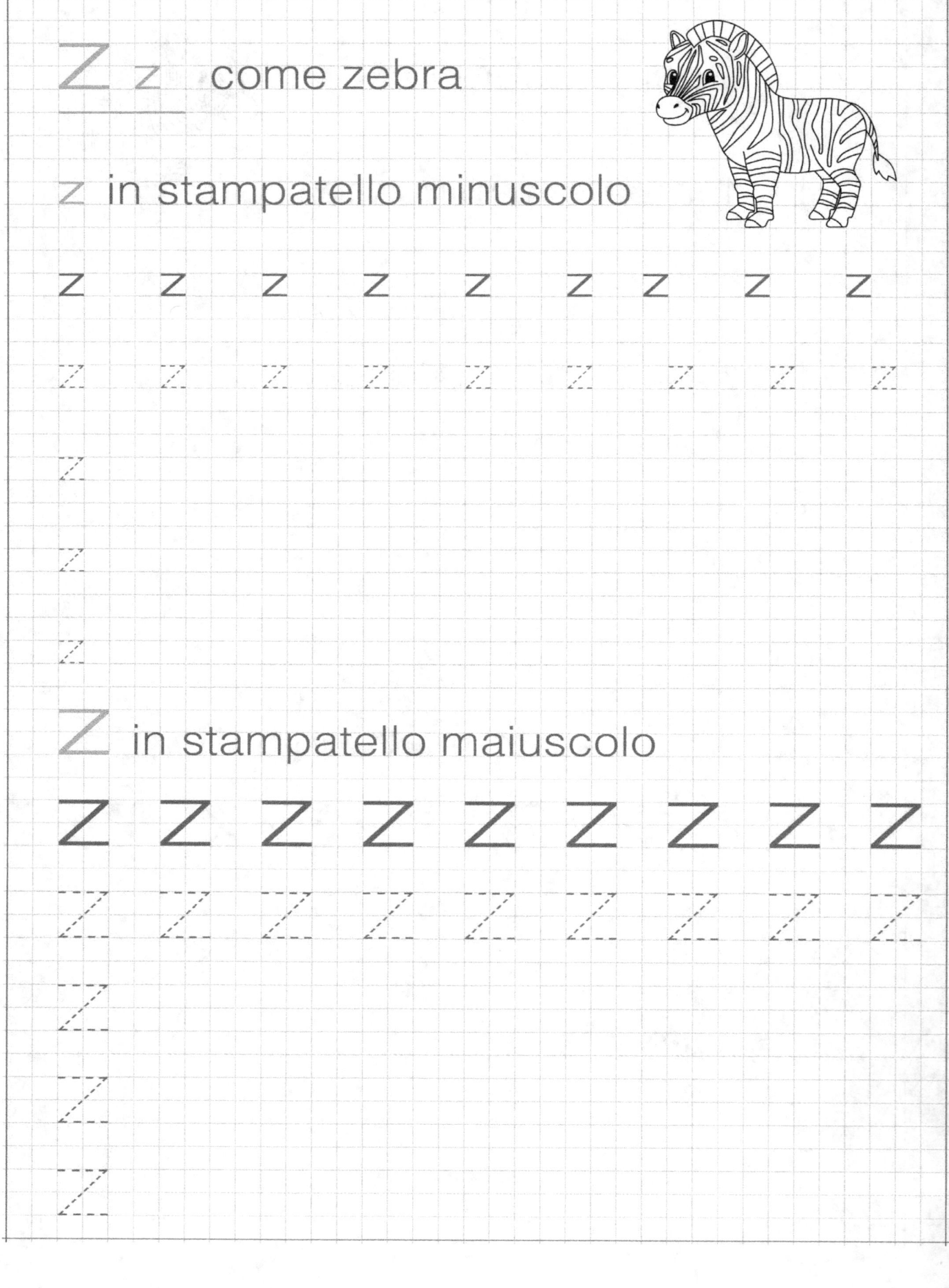

NUMERI

0 1 2 3 4
5 6 7 8 9

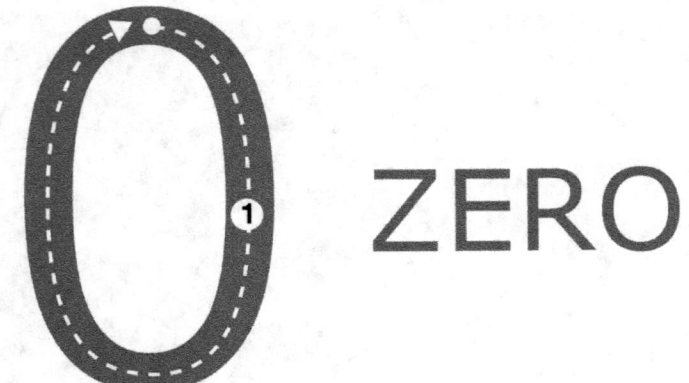 ZERO

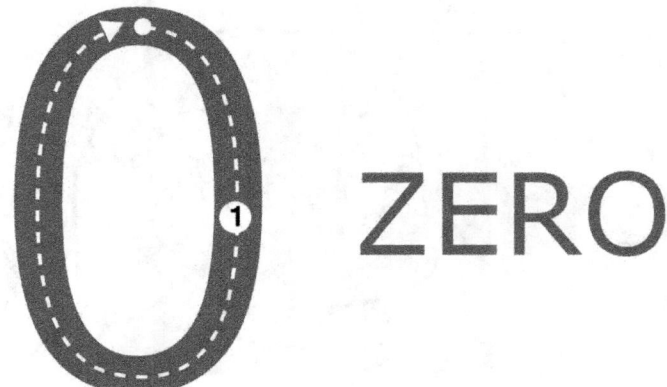 ZERO

1 UNO

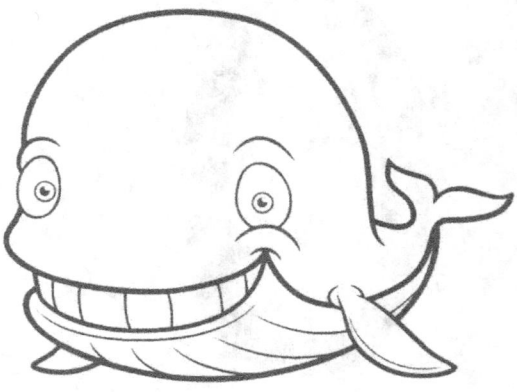

1 UNO

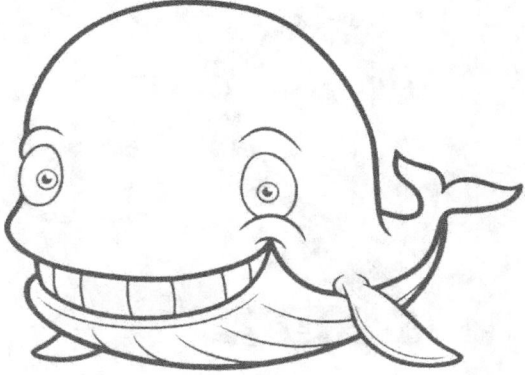

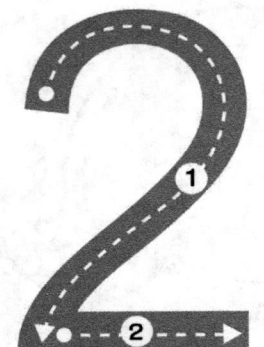 DUE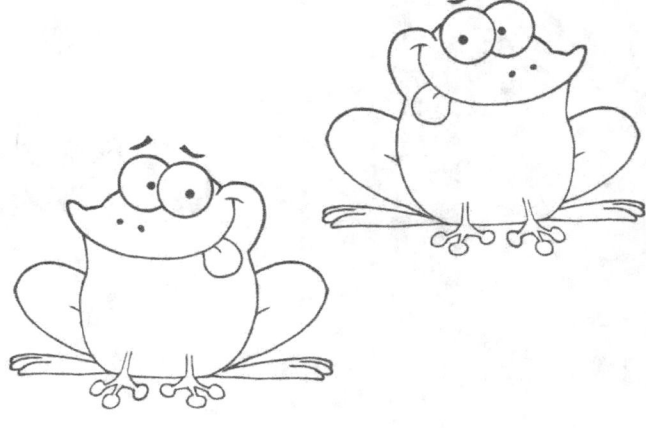

 DUE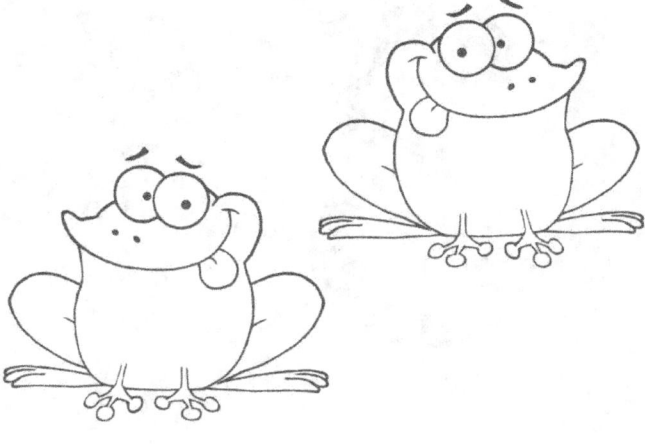

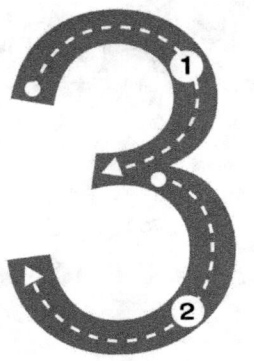 TRE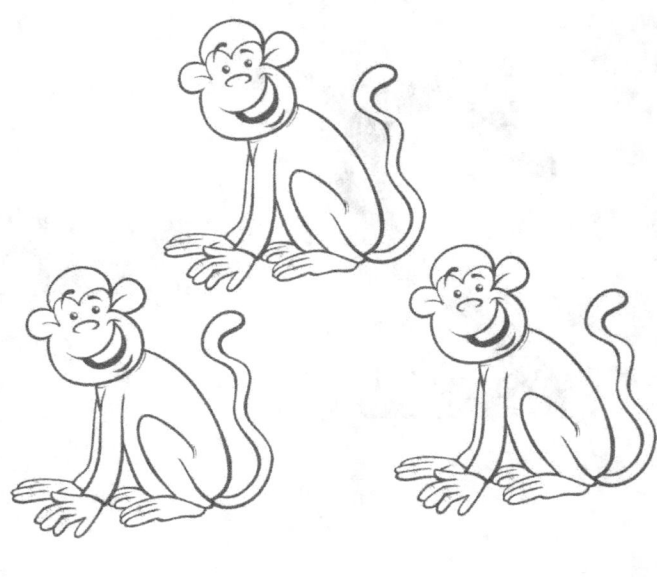

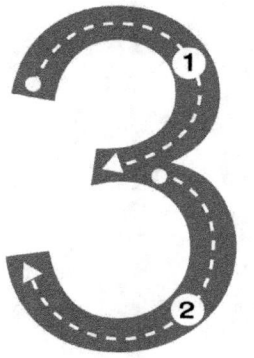 TRE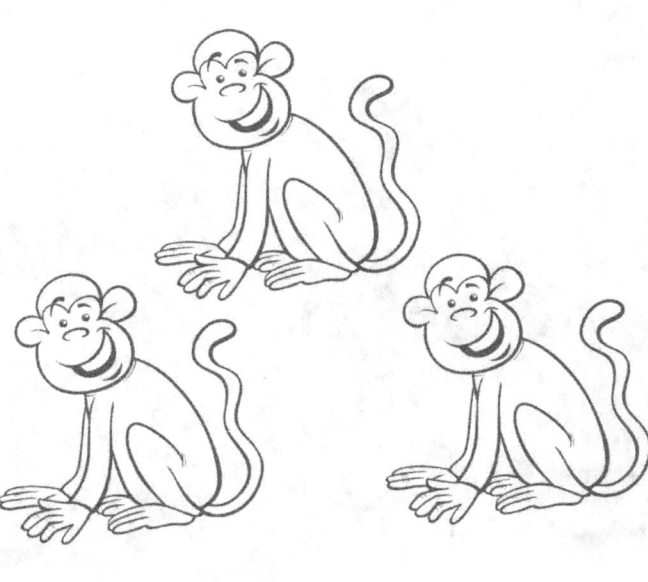

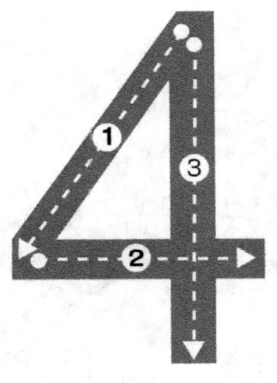 QUATTRO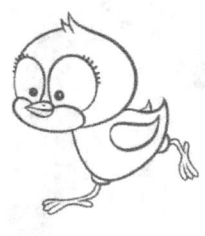
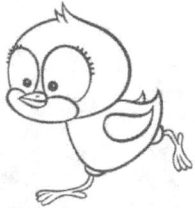 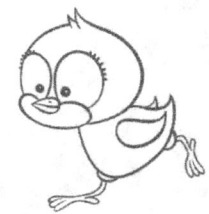 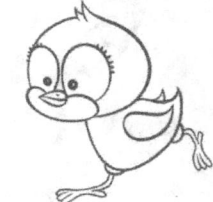

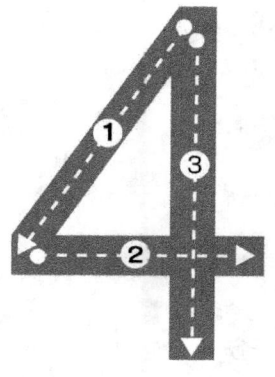 QUATTRO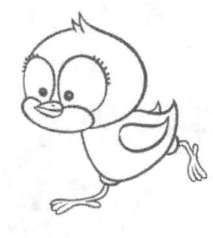

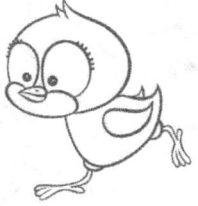 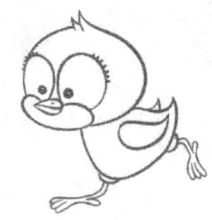 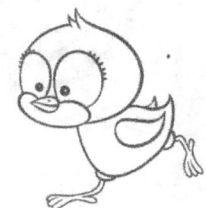

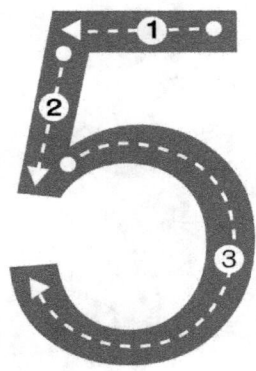 CINQUE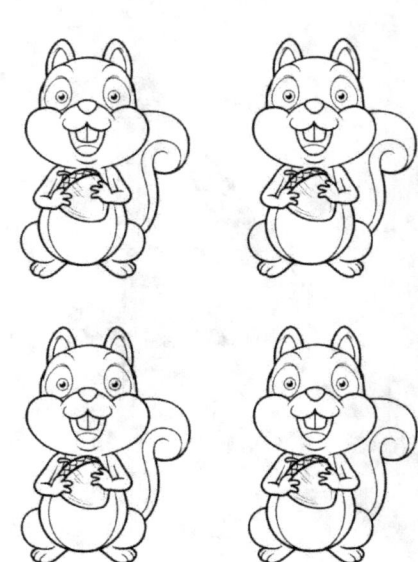

5 5 5 5 5 5 5
5 5 5 5 5 5 5
5

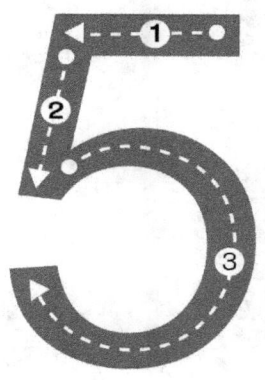 CINQUE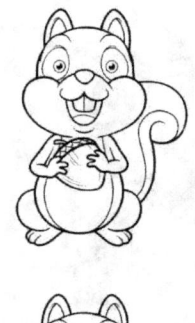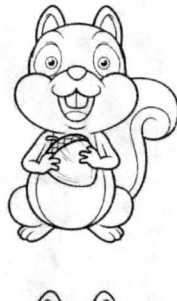
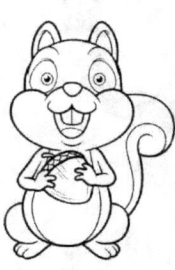 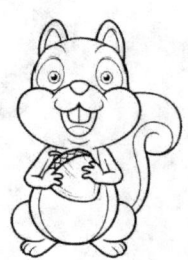

5 5 5 5 5 5 5 5
5 5 5 5 5 5 5 5
5

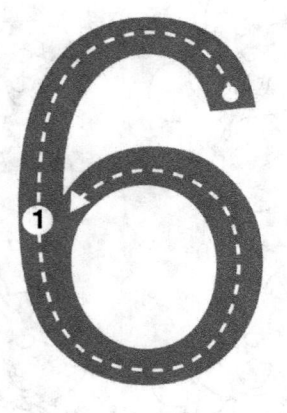 SEI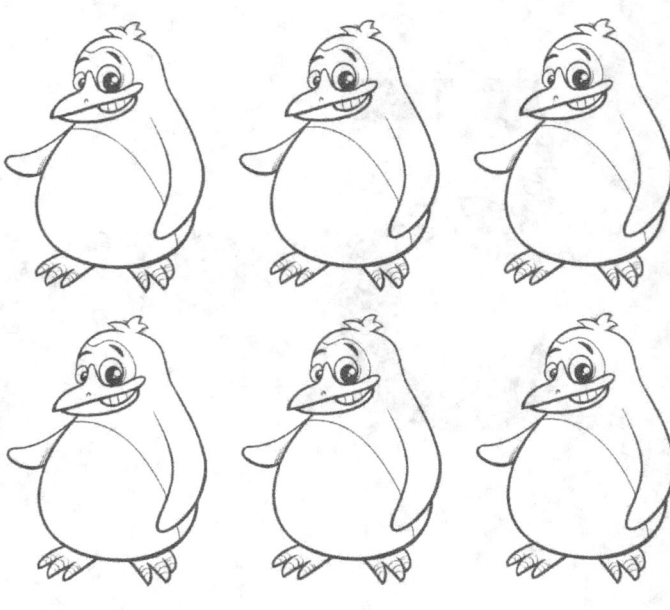

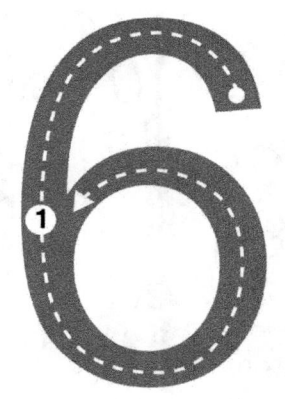 SEI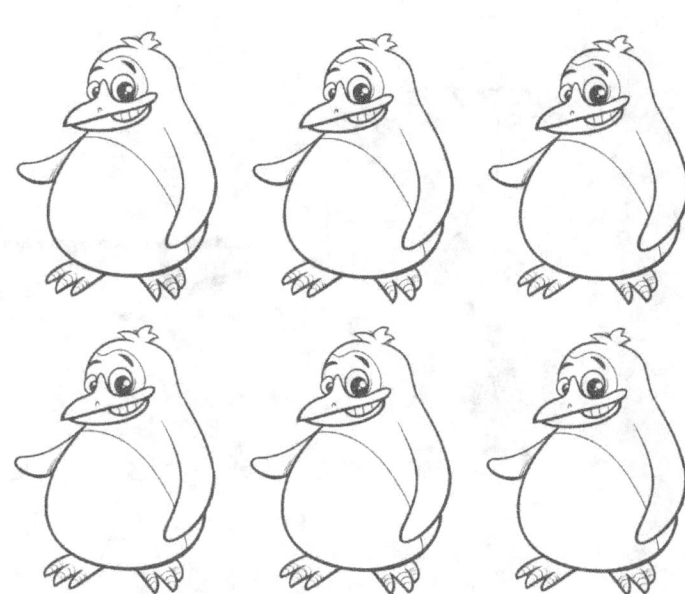

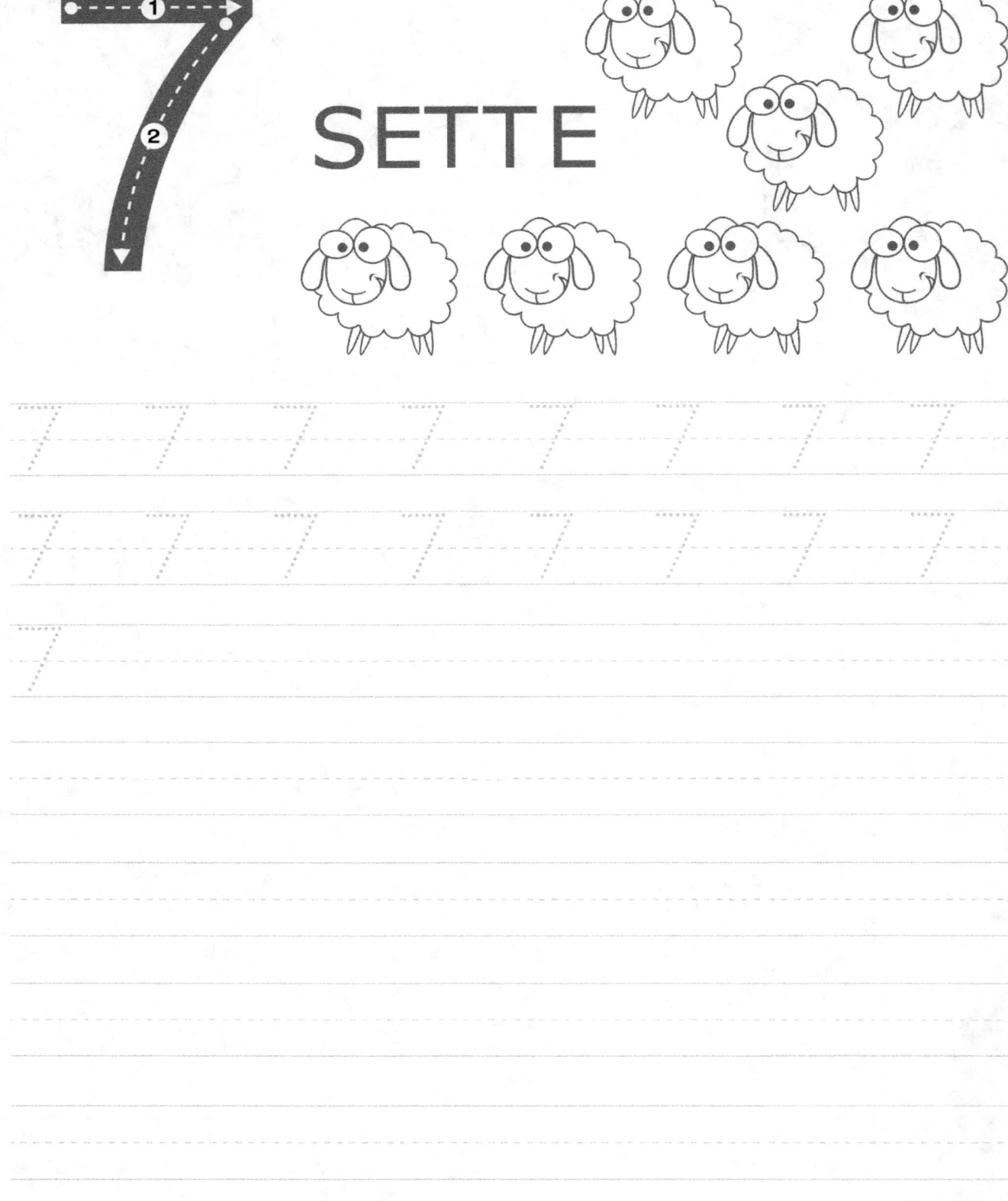

7 SETTE

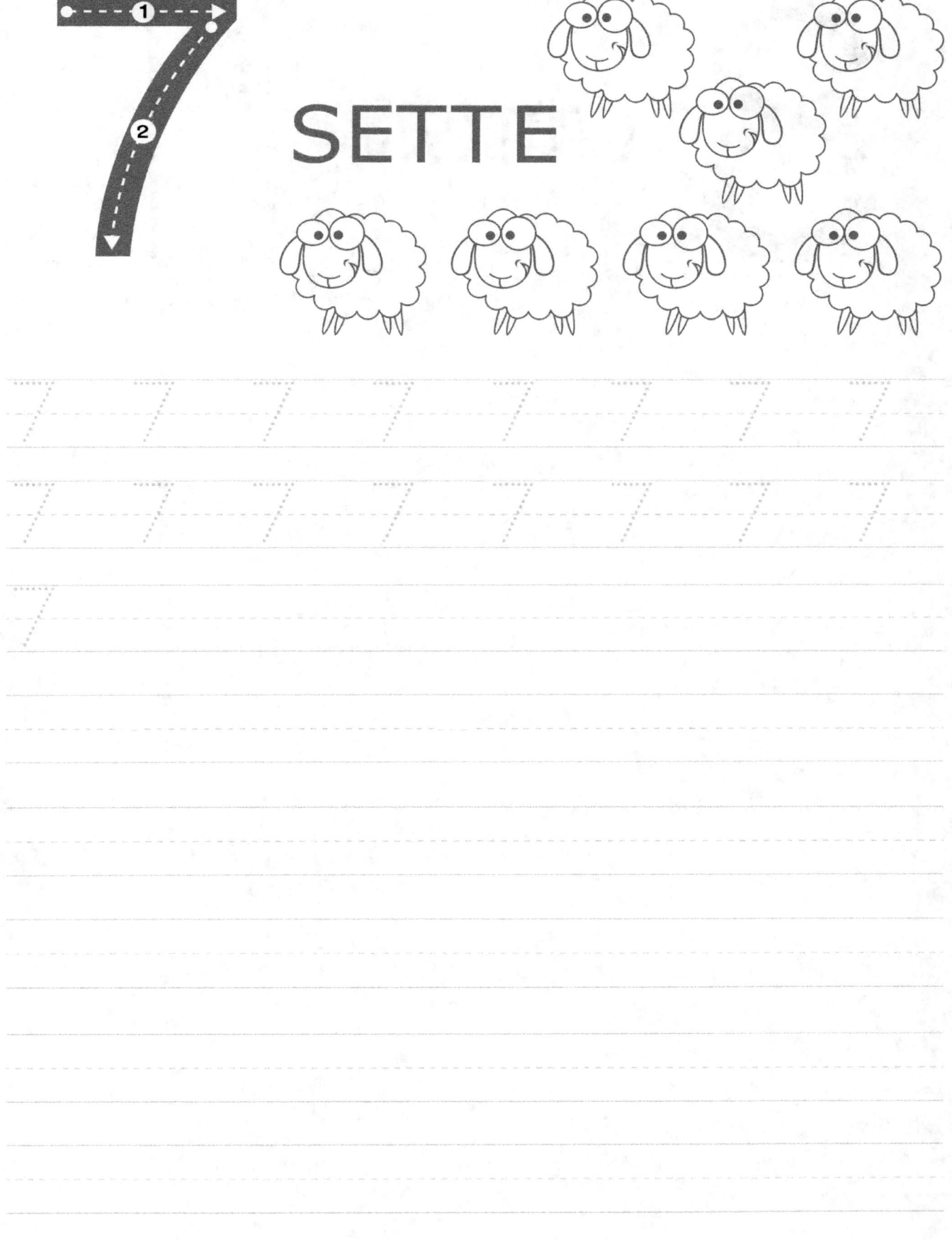

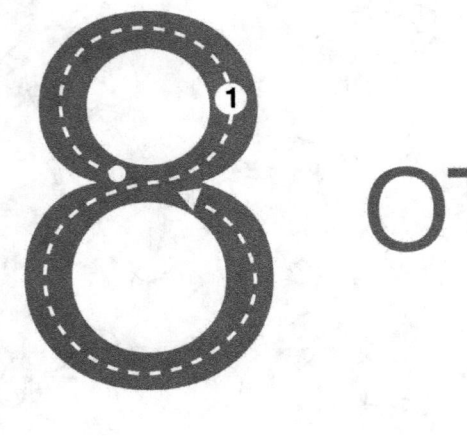 OTTO

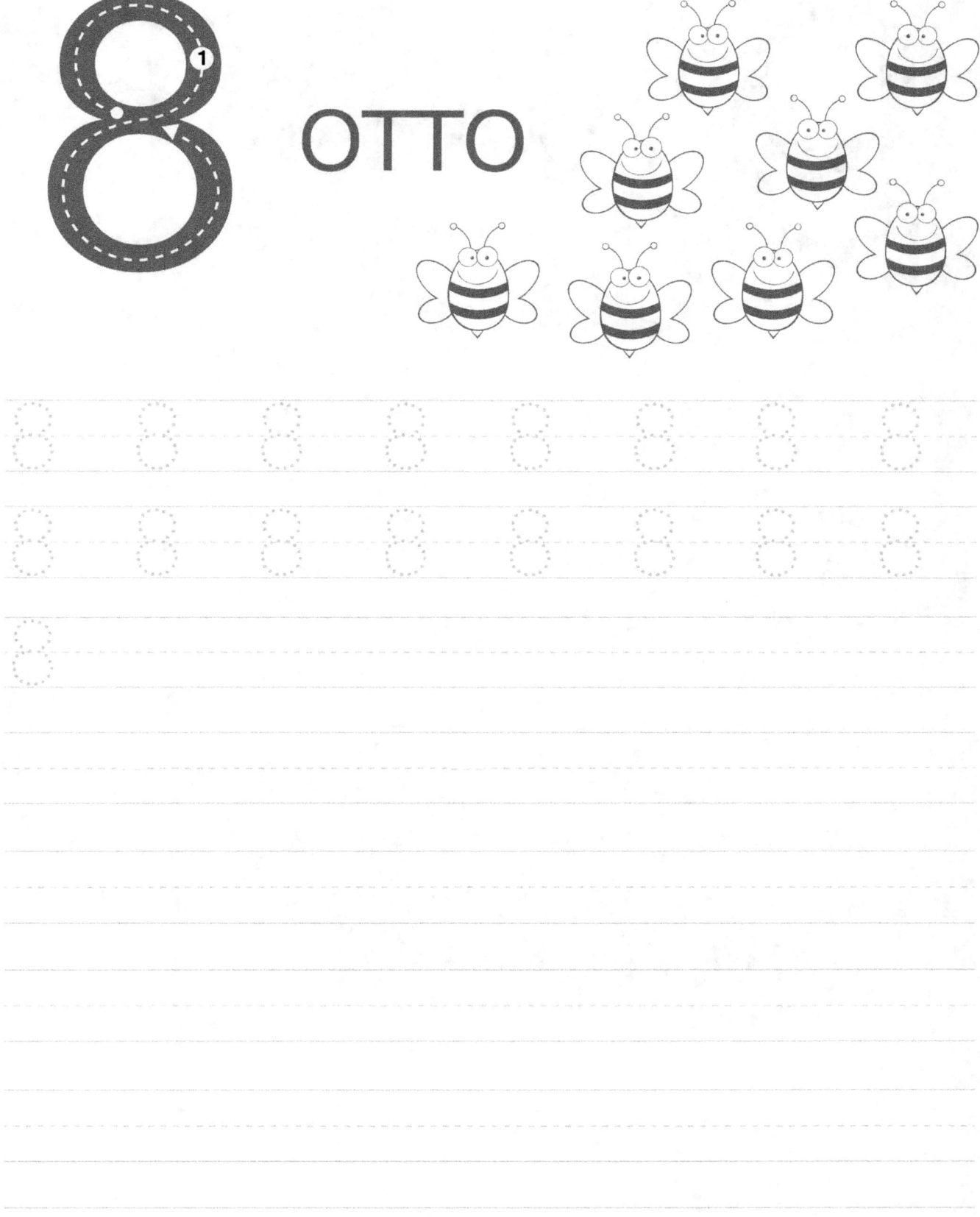

9 NOVE

9 NOVE

*Animali da disegnare
e colorare*

L'asino

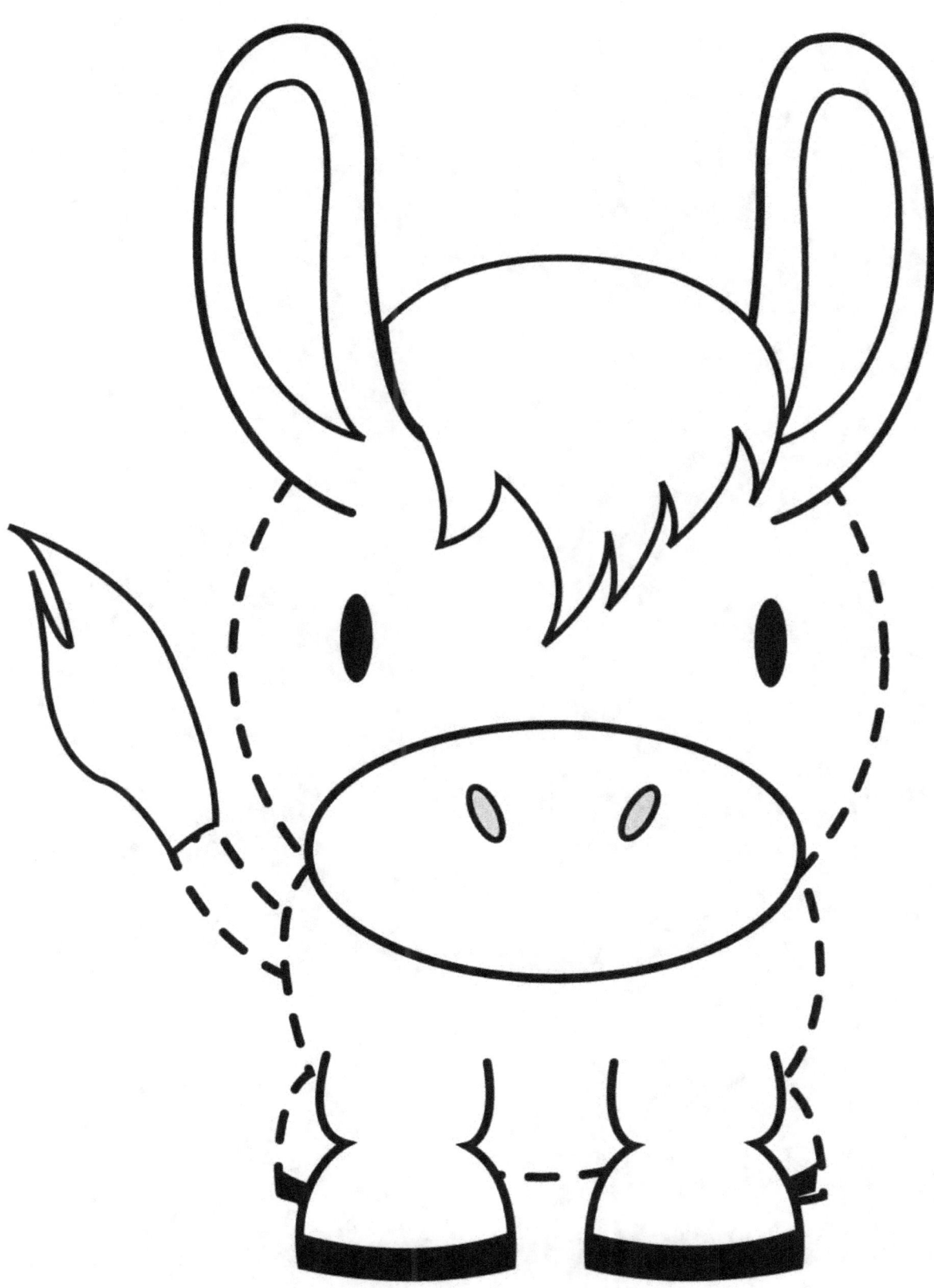

Il cammello

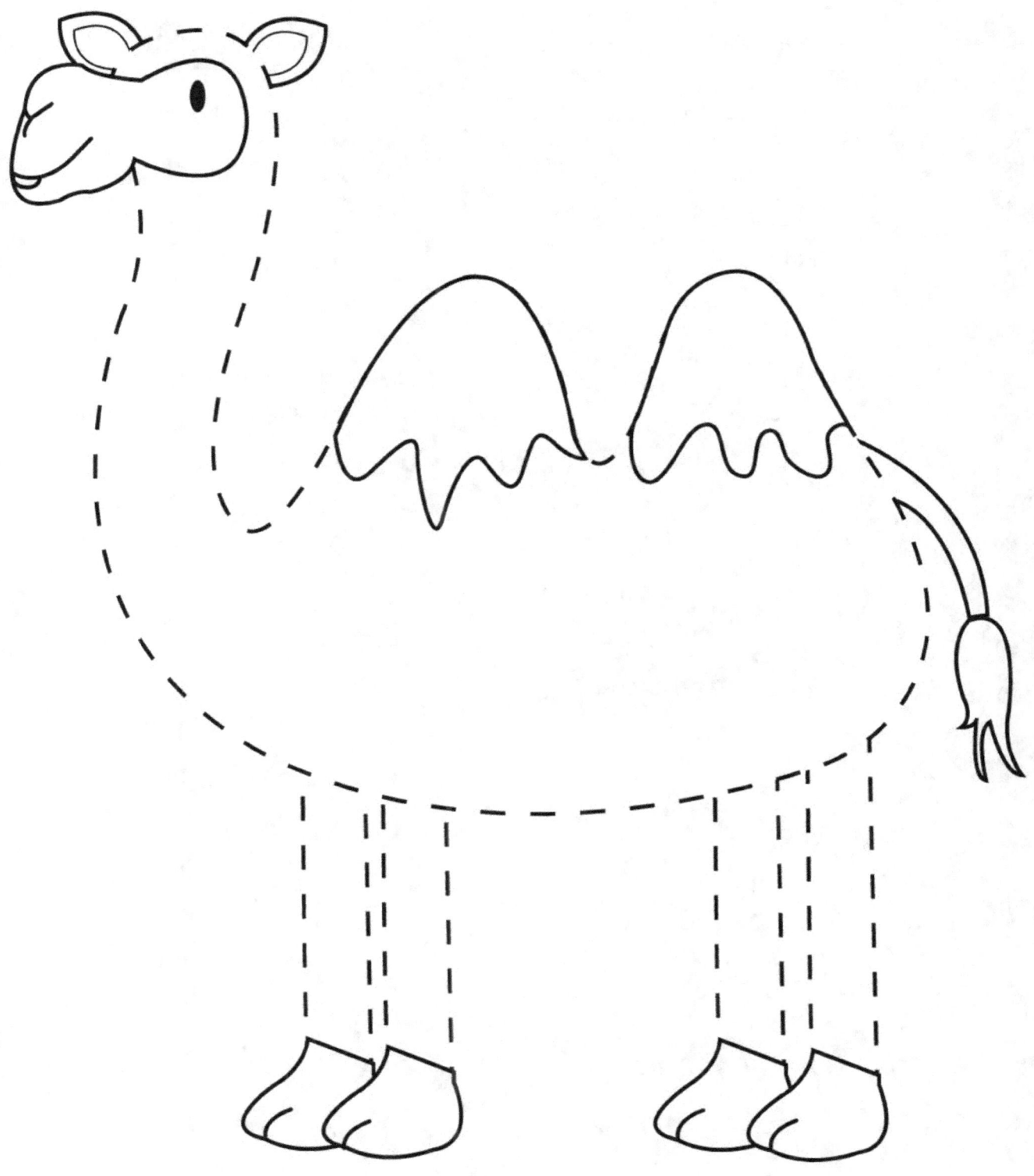

Il cane

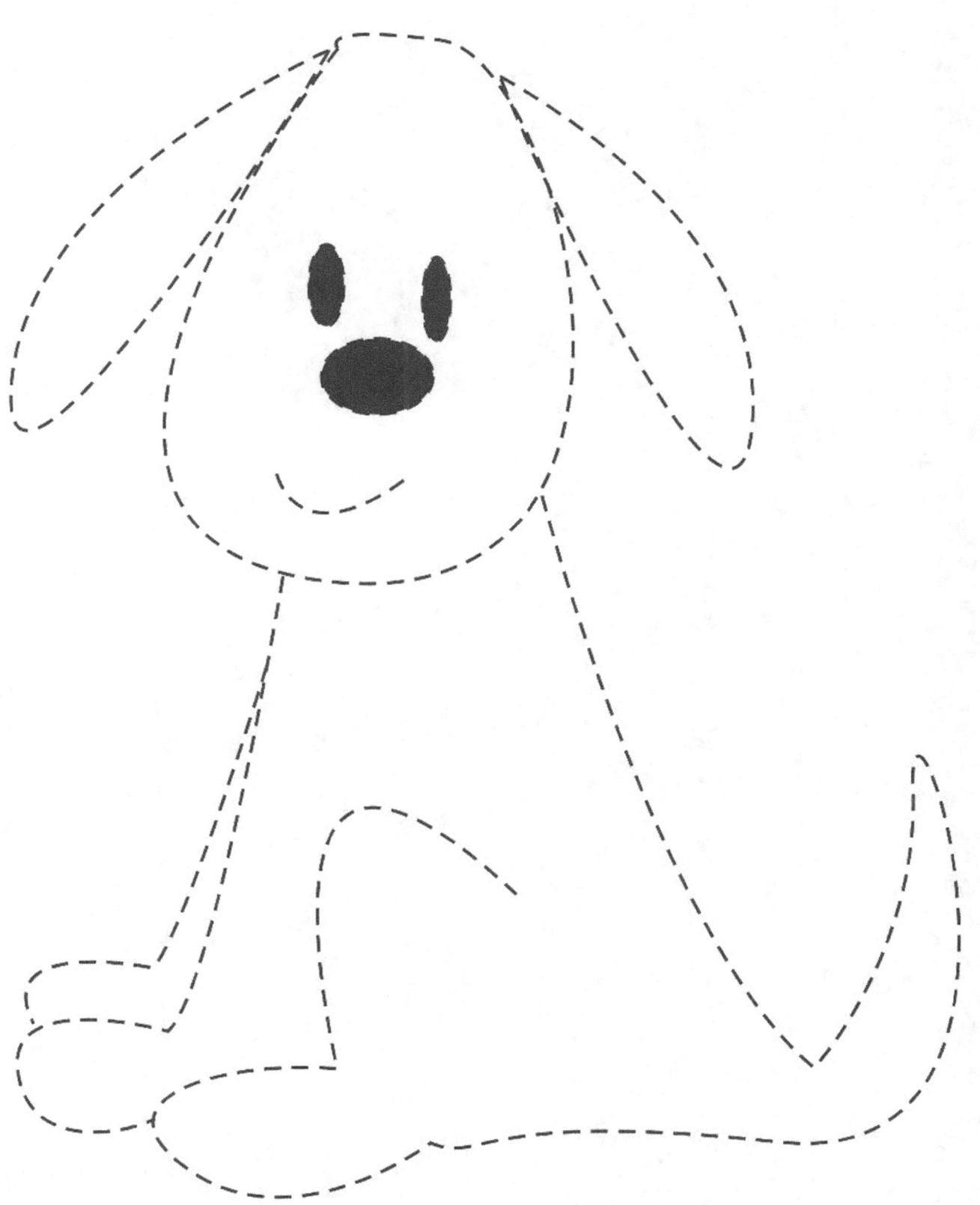

Il cane

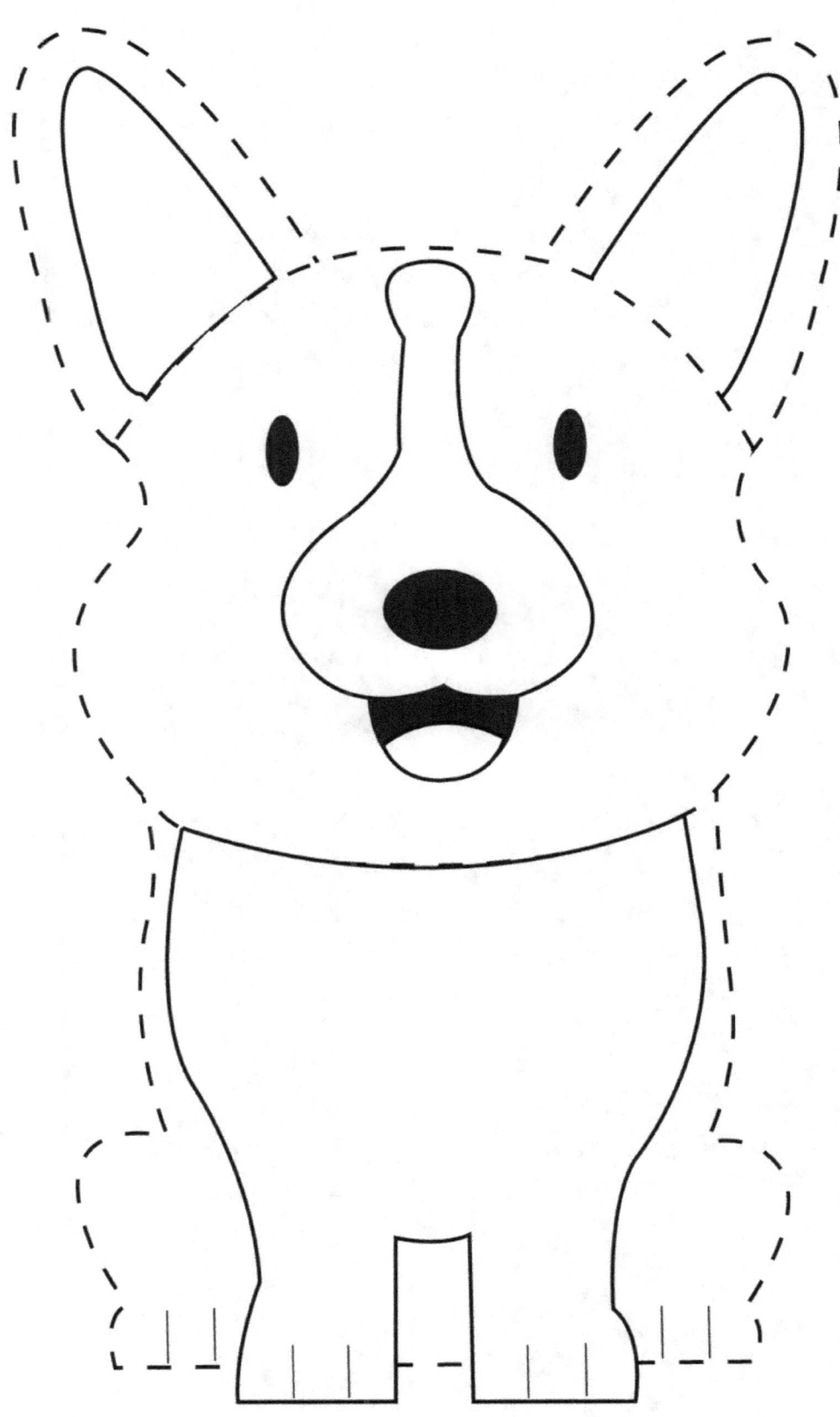

Il gatto

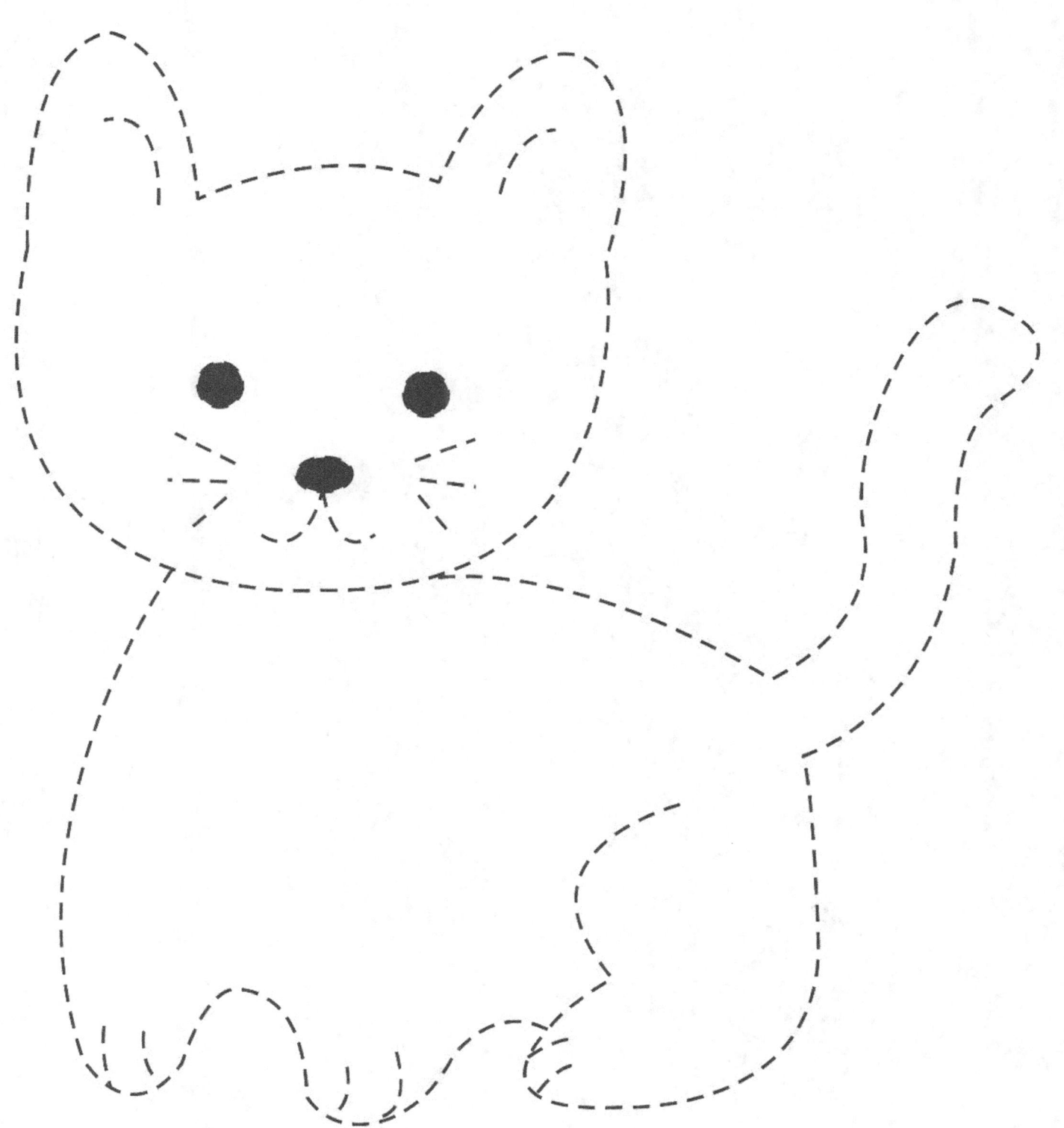

Il leone

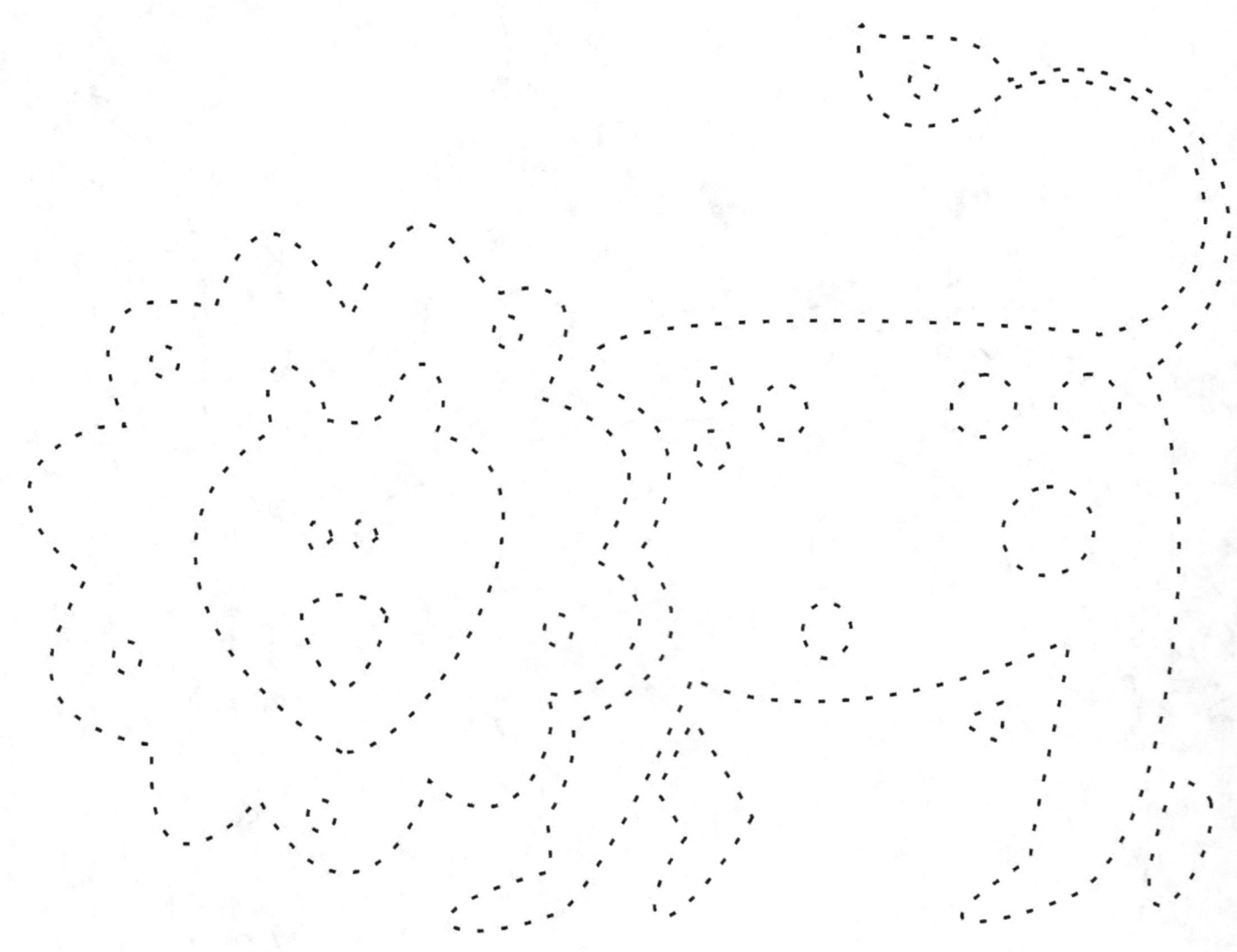

Il maiale

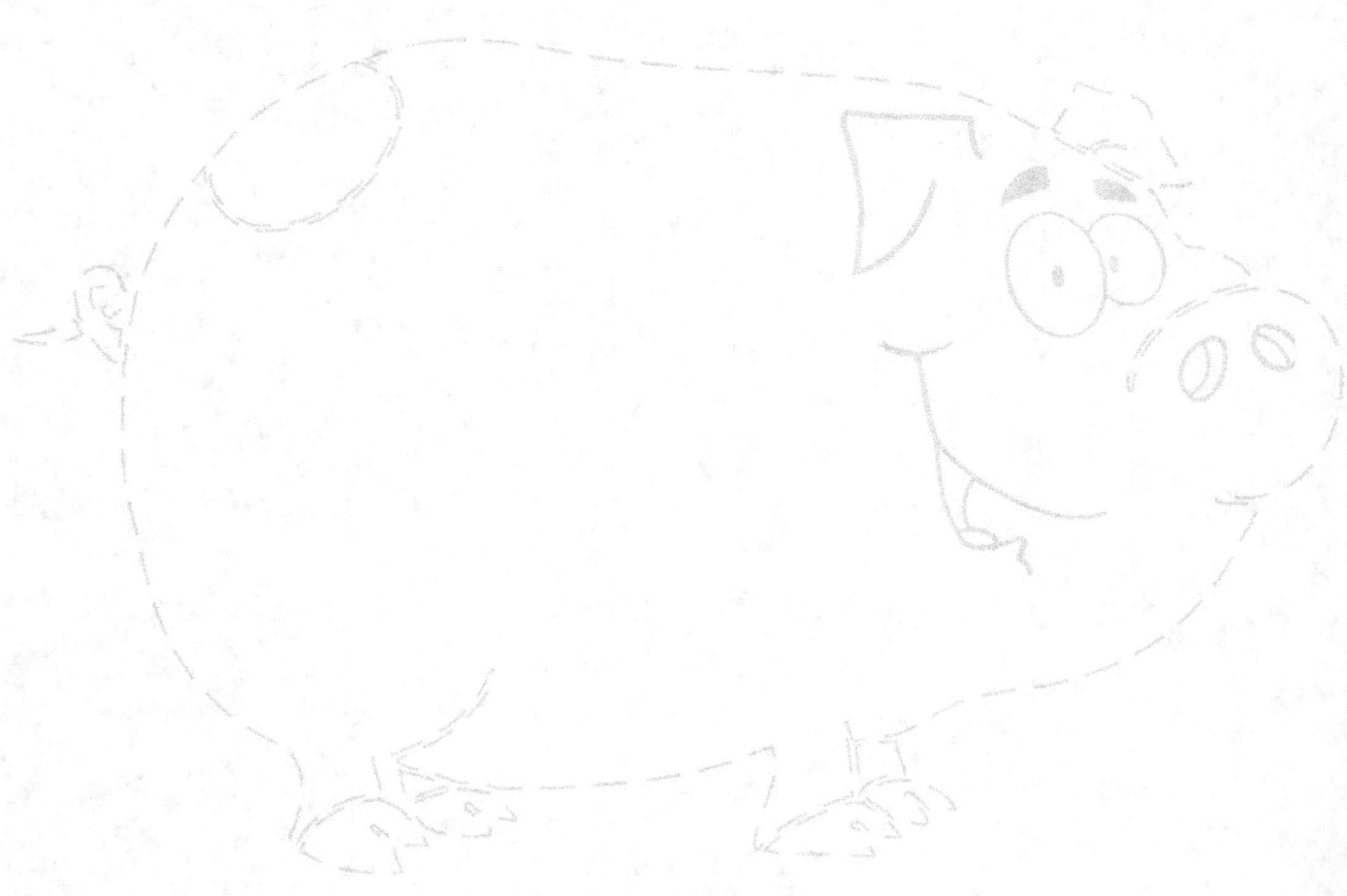

La marmotta

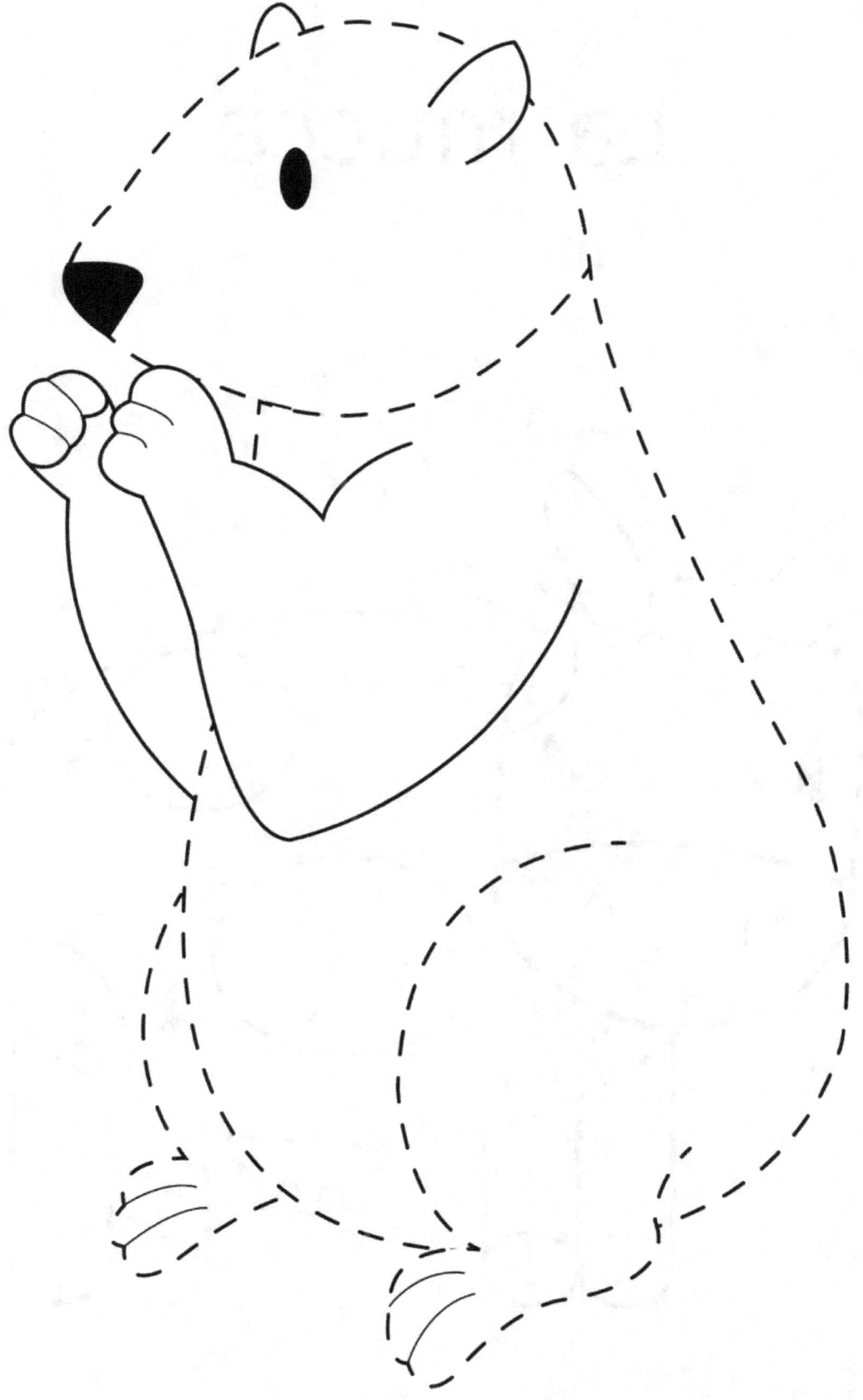

La mucca

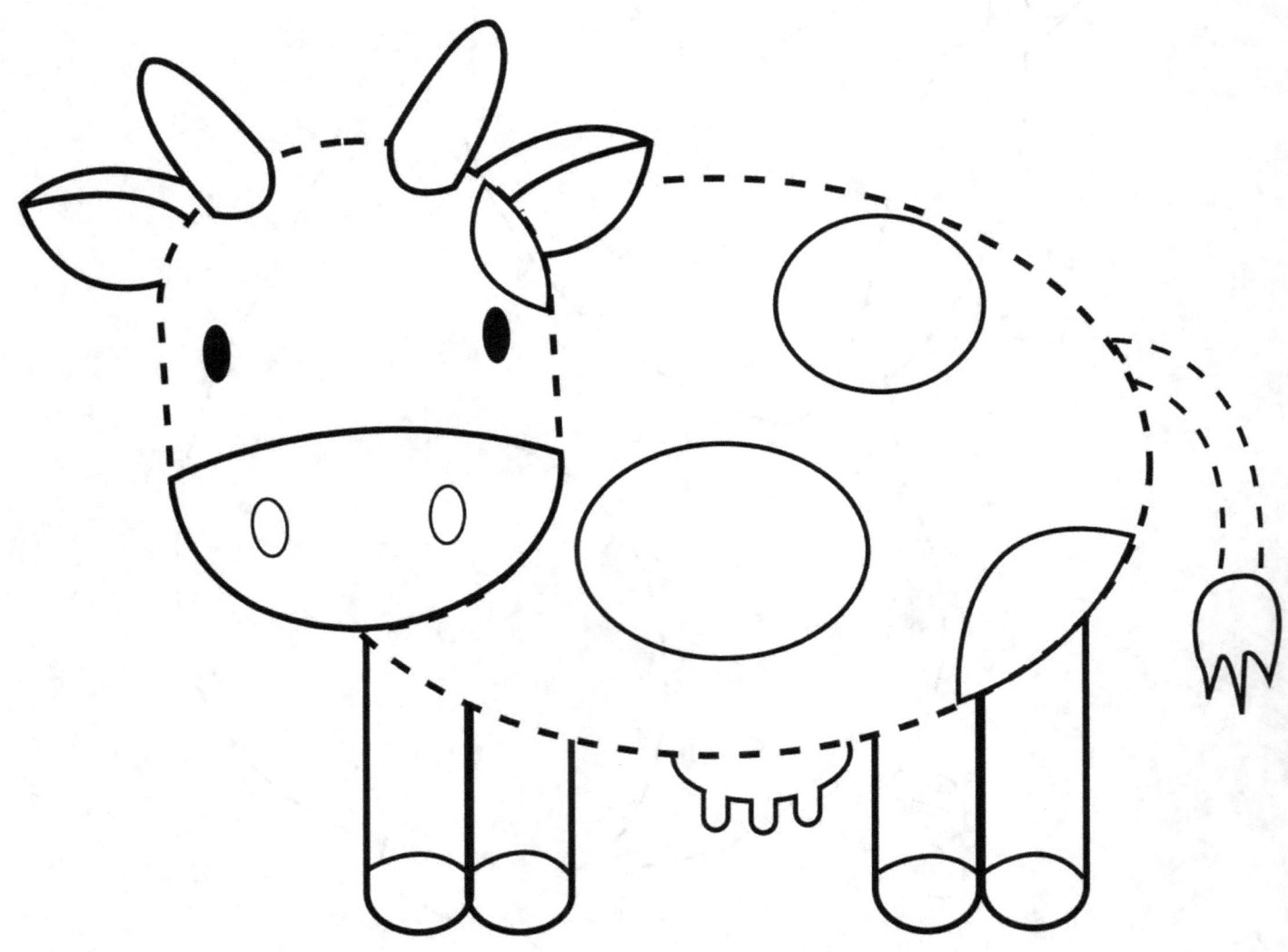

Il ragno

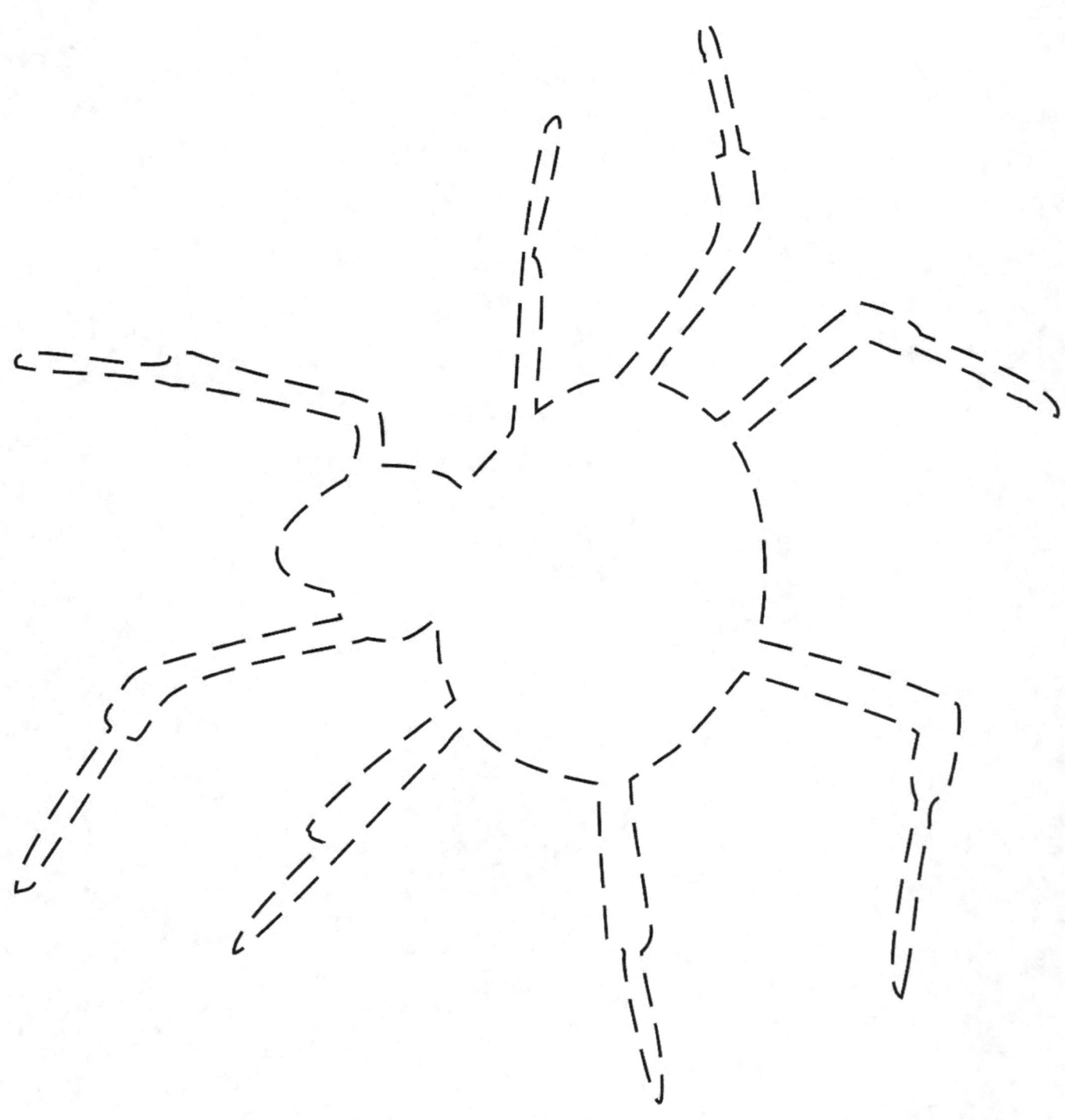

Il topo

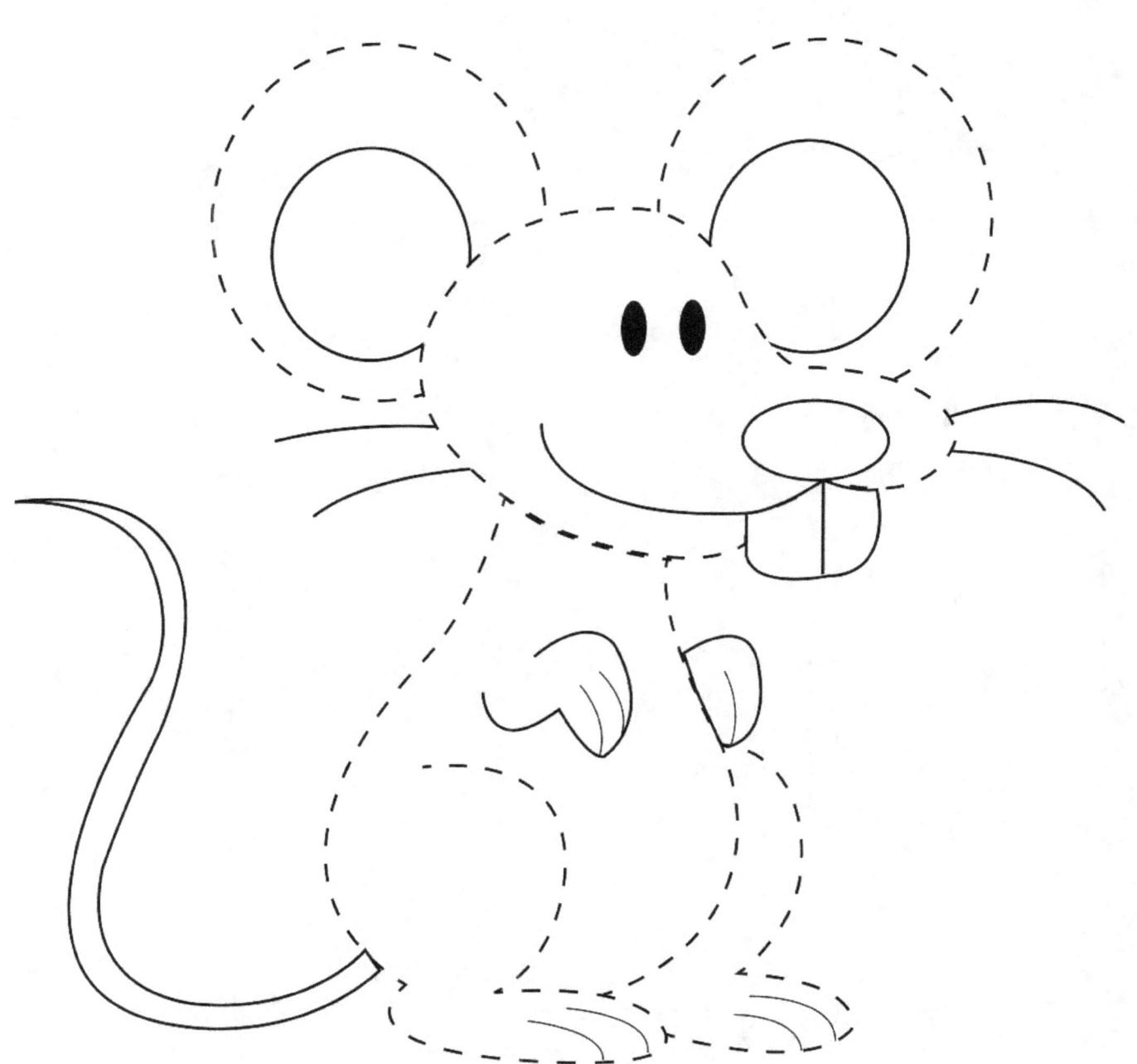

La volpe

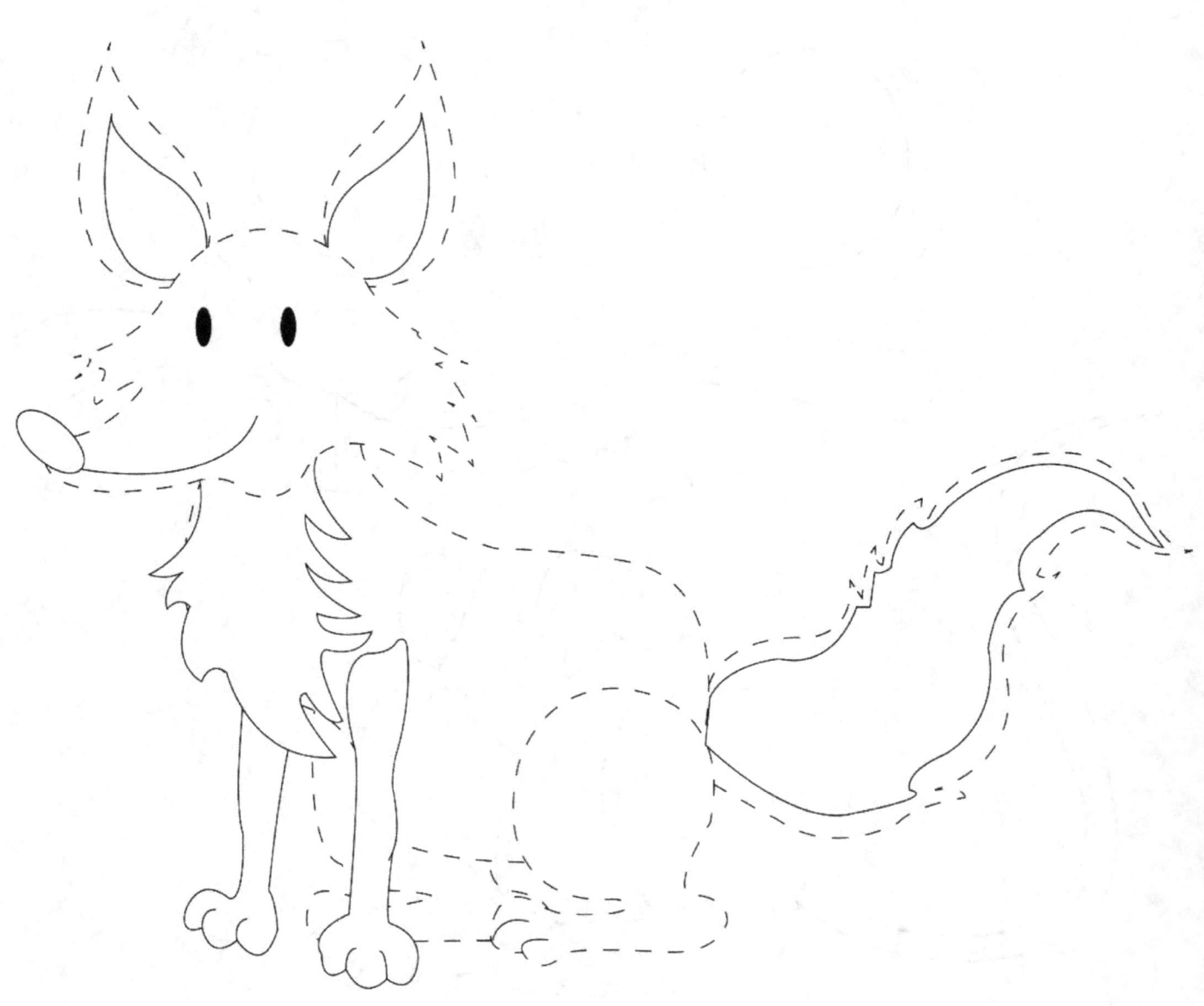

www.ingramcontent.com/pod-product-compliance
Lightning Source LLC
Chambersburg PA
CBHW080610220526
45466CB00010B/3302